# TRANZLATY

## El idioma es para todos

Jazyk je pro každého

# El Manifiesto Comunista

# Komunistický Manifest

## Karl Marx
## &
## Friedrich Engels

## Español / Čeština

**Original text by Karl Marx and Friedrich Engels**

The Communist Manifesto

First published in 1848

**www.tranzlaty.com**

# Introducción
## Úvod

**Un fantasma acecha a Europa: el fantasma del comunismo**

Evropou obchází strašidlo – strašidlo komunismu

**Todas las potencias de la vieja Europa han entrado en una santa alianza para exorcizar este fantasma**

Všechny mocnosti staré Evropy vstoupily do svatého spolku, aby toto strašidlo vymýtily

**El Papa y el Zar, Metternich y Guizot, los radicales franceses y los espías de la policía alemana**

Papež a car, Metternich a Guizot, francouzští radikálové a němečtí policejní špioni

**¿Dónde está el partido en la oposición que no ha sido tachado de comunista por sus adversarios en el poder?**

Kde je opoziční strana, která nebyla svými oponenty u moci odsouzena jako komunistická?

**¿Dónde está la Oposición que no haya devuelto el reproche de marca al comunismo contra los partidos de oposición más avanzados?**

Kde je opozice, která by nevrhla zpět výčitku komunismu proti vyspělejším opozičním stranám?

**¿Y dónde está el partido que no ha hecho la acusación contra sus adversarios reaccionarios?**

A kde je ta strana, která nevznesla žalobu proti svým reakčním protivníkům?

**Dos cosas resultan de este hecho**

Z této skutečnosti vyplývají dvě věci

**I. El comunismo es ya reconocido por todas las potencias europeas como una potencia en sí misma**

Komunismus je již všemi evropskými mocnostmi uznáván za to, že je sám mocností

**II. Ya es hora de que los comunistas publiquen abiertamente, a la vista de todo el mundo, sus puntos de vista, sus objetivos y sus tendencias**

II. Je nejvyšší čas, aby komunisté otevřeně, před celým světem, zveřejnili své názory, cíle a tendence

**deben hacer frente a este cuento infantil del Espectro del Comunismo con un Manifiesto del propio partido**

musí na tuto dětskou pohádku o strašidle komunismu odpovědět Manifestem samotné strany

**Con este fin, comunistas de diversas nacionalidades se han reunido en Londres y han esbozado el siguiente Manifiesto**

Za tímto účelem se komunisté různých národností shromáždili v Londýně a načrtli následující Manifest

**El presente manifiesto se publicará en inglés, francés, alemán, italiano, flamenco y danés**

tento manifest bude zveřejněn v anglickém, francouzském, německém, italském, vlámském a dánském jazyce

**Y ahora se publicará en todos los idiomas que ofrece Tranzlaty**

A nyní má být zveřejněn ve všech jazycích, které Tranzlaty nabízí

La burguesía y los proletarios
Buržoazie a proletáři
**La historia de todas las sociedades existentes hasta ahora es la historia de las luchas de clases**
Dějiny všech dosavadních společností jsou dějinami třídních bojů
**Hombre libre y esclavo, patricio y plebeyo, señor y siervo, maestro de gremio y oficial**
Svobodný člověk a otrok, patricij a plebejec, pán a nevolník, cechovní mistr a tovaryš
**en una palabra, opresor y oprimido**
jedním slovem, utlačovatel a utlačovaný
**Estas clases sociales estaban en constante oposición entre sí**
Tyto společenské třídy stály v neustálém vzájemném protikladu
**Llevaron a cabo una lucha ininterrumpida. Ahora oculto, ahora abierto**
Pokračovali v nepřetržitém boji. Teď skrytá, teď otevřená
**una lucha que terminó en una reconstitución revolucionaria de la sociedad en general**
boje, který buď skončil revoluční re-konstitucí společnosti jako celku
**o una lucha que terminó en la ruina común de las clases contendientes**
nebo boj, který skončil společnou zkázou soupeřících tříd
**Echemos la vista atrás a las épocas anteriores de la historia**
Podívejme se zpět do dřívějších epoch dějin
**Encontramos casi en todas partes una complicada organización de la sociedad en varios órdenes**
Téměř všude nacházíme složité uspořádání společnosti do různých řádů
**Siempre ha habido una múltiple gradación de rango social**
Vždy existovalo mnohotvárné odstupňování společenského postavení
**En la antigua Roma tenemos patricios, caballeros, plebeyos, esclavos**

Ve starém Římě máme patricije, rytíře, plebejce, otroky

**en la Edad Media: señores feudales, vasallos, maestros de gremios, oficiales, aprendices, siervos**

ve středověku: feudální páni, vazalové, cechovní mistři, tovaryši, učni, nevolníci

**En casi todas estas clases, de nuevo, las gradaciones subordinadas**

Téměř ve všech těchto třídách jsou opět podřadné odstupňování

**La sociedad burguesa moderna ha brotado de las ruinas de la sociedad feudal**

Moderní buržoazní společnost vyrostla z trosek feudální společnosti

**Pero este nuevo orden social no ha eliminado los antagonismos de clase**

Ale tento nový společenský řád neodstranil třídní protiklady

**No ha hecho más que establecer nuevas clases y nuevas condiciones de opresión**

Vytvořila jen nové třídy a nové podmínky útlaku

**Ha establecido nuevas formas de lucha en lugar de las antiguas**

zavedla nové formy boje namísto těch starých

**Sin embargo, la época en la que nos encontramos posee un rasgo distintivo**

Epocha, ve které se nacházíme, má však jeden charakteristický rys

**la época de la burguesía ha simplificado los antagonismos de clase**

Epocha buržoazie zjednodušila třídní protiklady

**La sociedad en su conjunto se divide cada vez más en dos grandes campos hostiles**

Společnost jako celek se stále více štěpí na dva velké nepřátelské tábory

**dos grandes clases sociales enfrentadas directamente: la burguesía y el proletariado**

dvě velké společenské třídy přímo proti sobě: buržoazie a proletariát

**De los siervos de la Edad Media surgieron los burgueses de las primeras ciudades**

Z nevolníků středověku vzešli statičtí měšťané z nejstarších měst

**A partir de estos burgueses se desarrollaron los primeros elementos de la burguesía**

Z těchto měšťanů se vyvinuly první prvky buržoazie

**El descubrimiento de América y el doblamiento del Cabo**

Objevení Ameriky a obeplutí mysu

**estos acontecimientos abrieron un nuevo terreno para la burguesía en ascenso**

tyto události otevřely novou půdu pro rostoucí buržoazii

**Los mercados de las Indias Orientales y China, la colonización de América, el comercio con las colonias**

Východoindický a čínský trh, kolonizace Ameriky, obchod s koloniemi

**el aumento de los medios de cambio y de las mercancías en general**

vzrůst směnných prostředků a zboží vůbec

**Estos acontecimientos dieron al comercio, a la navegación y a la industria un impulso nunca antes conocido**

Tyto události daly obchodu, plavbě a průmyslu podnět nikdy předtím neznámý

**Dio un rápido desarrollo al elemento revolucionario en la tambaleante sociedad feudal**

Dala rychlý rozvoj revolučnímu živlu v rozkolísané feudální společnosti

**Los gremios cerrados habían monopolizado el sistema feudal de producción industrial**

Uzavřené cechy monopolizovaly feudální systém průmyslové výroby

**Pero esto ya no bastaba para satisfacer las crecientes necesidades de los nuevos mercados**

To však již nestačilo na rostoucí potřeby nových trhů

**El sistema manufacturero sustituyó al sistema feudal de la industria**

Na místo feudálního systému průmyslu nastoupil manufakturní řád

**Los maestros de gremio fueron empujados a un lado por la clase media manufacturera**

Cechovní mistři byli odsunuti na jednu stranu průmyslovou střední třídou

**La división del trabajo entre los diferentes gremios corporativos desapareció**

Dělba práce mezi různými korporativními cechy zmizela

**La división del trabajo penetraba en cada uno de los talleres**

Dělba práce pronikla do každé dílny

**Mientras tanto, los mercados seguían creciendo y la demanda seguía aumentando**

Mezitím trhy stále rostly a poptávka stále stoupala

**Ni siquiera las fábricas bastaban para satisfacer las demandas**

Ani továrny již nestačily uspokojit poptávku

**A partir de entonces, el vapor y la maquinaria revolucionaron la producción industrial**

Pára a stroje pak způsobily revoluci v průmyslové výrobě

**El lugar de la manufactura fue ocupado por el gigante, la Industria Moderna**

Místo výroby zaujal gigant, moderní průmysl

**El lugar de la clase media industrial fue ocupado por millonarios industriales**

Na místo průmyslové střední třídy nastoupili průmysloví milionáři

**el lugar de los jefes de ejércitos industriales enteros fue ocupado por la burguesía moderna**

na místo vůdců celých průmyslových armád nastoupila moderní buržoazie

**el descubrimiento de América allanó el camino para que la industria moderna estableciera el mercado mundial**

objevení Ameriky vydláždilo cestu modernímu průmyslu k vytvoření světového trhu

**Este mercado dio un inmenso desarrollo al comercio, la navegación y la comunicación por tierra**

Tento trh přinesl obrovský rozvoj obchodu, plavby a pozemních komunikací

**Este desarrollo ha repercutido, en su momento, en la extensión de la industria**

Tento vývoj ve své době reagoval na rozšiřování průmyslu

**Reaccionó en proporción a cómo se extendía la industria, y cómo se extendían el comercio, la navegación y los ferrocarriles**

Reagovala úměrně tomu, jak se rozšiřoval průmysl a obchod, plavba a železnice

**en la misma proporción en que la burguesía se desarrolló, aumentó su capital**

tou měrou, jak se rozvíjela buržoazie, zvětšovala svůj kapitál

**y la burguesía relegó a un segundo plano a todas las clases heredadas de la Edad Media**

a buržoazie zatlačila do pozadí všechny třídy zděděné ze středověku

**por lo tanto, la burguesía moderna es en sí misma el producto de un largo curso de desarrollo**

proto je moderní buržoazie sama produktem dlouhého vývojového běhu

**Vemos que es una serie de revoluciones en los modos de producción y de intercambio**

Vidíme, že je to řada revolucí ve výrobních způsobech a ve směnných způsobech

**Cada paso de la burguesía desarrollista iba acompañado de un avance político correspondiente**

Každý vývojový krok buržoazie byl doprovázen odpovídajícím politickým pokrokem

**Una clase oprimida bajo el dominio de la nobleza feudal**

Utlačovaná třída pod nadvládou feudální šlechty

**una asociación armada y autónoma en la comuna medieval**

ozbrojené a samosprávné sdružení ve středověké komuně

**aquí, una república urbana independiente (como en Italia y Alemania)**

zde nezávislou městskou republikou (jako v Itálii a Německu)

**allí, un "tercer estado" imponible de la monarquía (como en Francia)**

tam zdanitelný "třetí stav" monarchie (jako ve Francii)

**posteriormente, en el período de fabricación propiamente dicho**

poté, v době vlastní výroby

**la burguesía servía a la monarquía semifeudal o a la monarquía absoluta**

buržoazie sloužila buď polofeudální nebo absolutní monarchii

**o la burguesía actuaba como contrapeso contra la nobleza**

nebo buržoazie vystupovala jako protiváha proti šlechtě

**y, de hecho, la burguesía era una piedra angular de las grandes monarquías en general**

a buržoazie byla ve skutečnosti úhelným kamenem velkých monarchií vůbec

**pero la industria moderna y el mercado mundial se establecieron desde entonces**

ale od té doby se etabloval velký průmysl a světový trh

**y la burguesía ha conquistado para sí el dominio político exclusivo**

a buržoazie si vydobyla výlučnou politickou nadvládu

**logró esta influencia política a través del Estado representativo moderno**

tohoto politického vlivu dosáhla prostřednictvím moderního zastupitelského státu

**Los ejecutivos del Estado moderno no son más que un comité de gestión**

Výkonná moc moderního státu není ničím jiným než řídícím výborem

**y manejan los asuntos comunes de toda la burguesía**

a spravují společné záležitosti celé buržoazie

**La burguesía, históricamente, ha desempeñado un papel muy revolucionario**
Buržoazie sehrála historicky nejrevolučnější úlohu
**Dondequiera que se impuso, puso fin a todas las relaciones feudales, patriarcales e idílicas**
Všude, kde získala převahu, skoncovala se všemi feudálními, patriarchálními a idylickými vztahy
**Ha roto sin piedad los abigarrados lazos feudales que unían al hombre con sus "superiores naturales"**
Nemilosrdně zpřetrhala pestré feudální svazky, které poutaly člověka k jeho "přirozeným nadřízeným"
**y no ha dejado ningún nexo entre el hombre y el hombre, más allá del puro interés propio**
a nezůstalo žádné spojení mezi člověkem a člověkem, kromě holého vlastního zájmu
**Las relaciones del hombre entre sí se han convertido en nada más que un cruel "pago en efectivo"**
Vzájemné vztahy lidí se staly jen bezcitnou "platbou za peníze"
**Ha ahogado los éxtasis más celestiales del fervor religioso**
Utopila nejnebeštější extáze náboženského zápalu
**ha ahogado el entusiasmo caballeresco y el sentimentalismo filisteo**
utopila rytířské nadšení a šosáckou sentimentalitu
**ha ahogado estas cosas en el agua helada del cálculo egoísta**
utopila tyto věci v ledové vodě egoistické vypočítavosti
**Ha resuelto el valor personal en valor de cambio**
Rozložila osobní hodnotu na směnnou hodnotu
**Ha sustituido a las innumerables e imprescriptibles libertades estatutarias**
nahradila nesčetné a nezrušitelné zaručené svobody
**y ha establecido una libertad única e inconcebible; Libre cambio**
a nastolila jedinou, nehoráznou svobodu; Svobodný obchod
**En una palabra, lo ha hecho para la explotación**
Jedním slovem, udělala to kvůli vykořisťování

**explotación velada por ilusiones religiosas y políticas**
vykořisťování zahalené náboženskými a politickými iluzemi
**explotación velada por una explotación desnuda,**
**desvergonzada, directa, brutal**
vykořisťování zahalené nahým, nestoudným, přímým,
brutálním vykořisťováním
**la burguesía ha despojado de la aureola a todas las**
**ocupaciones anteriormente honradas y veneradas**
buržoazie svlékla svatozář ze všech dříve uctívaných a
uctívaných povolání
**el médico, el abogado, el sacerdote, el poeta y el hombre de**
**ciencia**
lékař, právník, kněz, básník a muž vědy
**Ha convertido a estos distinguidos trabajadores en sus**
**trabajadores asalariados**
přeměnila tyto význačné dělníky ve své placené námezdní
dělníky
**La burguesía ha rasgado el velo sentimental de la familia**
Buržoazie strhla sentimentální závoj z rodiny
**y ha reducido la relación familiar a una mera relación**
**monetaria**
a zredukovala rodinný vztah na pouhý peněžní vztah
**el brutal despliegue de vigor en la Edad Media que tanto**
**admiran los reaccionarios**
brutální projev síly ve středověku, který reakcionáři tolik
obdivují
**Aun esto encontró su complemento adecuado en la más**
**perezosa indolencia**
I to našlo svůj vhodný doplněk v nejlenivější lenosti
**La burguesía ha revelado cómo sucedió todo esto**
Buržoazie odhalila, jak se to všechno stalo
**La burguesía ha sido la primera en mostrar lo que la**
**actividad del hombre puede producir**
Buržoazie byla první, kdo ukázala, co může přinést lidská
aktivita

**Ha logrado maravillas que superan con creces las pirámides egipcias, los acueductos romanos y las catedrales góticas**

Dokázala zázraky, které daleko předčily egyptské pyramidy, římské akvadukty a gotické katedrály

**y ha llevado a cabo expediciones que han hecho sombra a todos los antiguos Éxodos de naciones y cruzadas**

a podnikala výpravy, které zastínily všechny dřívější exody národů a křížové výpravy

**La burguesía no puede existir sin revolucionar constantemente los instrumentos de producción**

Buržoazie nemůže existovat, aniž by neustále revolucionizovala výrobní nástroje

**y, por lo tanto, no puede existir sin sus relaciones con la producción**

a proto nemůže existovat bez svých vztahů k výrobě

**y, por lo tanto, no puede existir sin sus relaciones con la sociedad**

a proto nemůže existovat bez svých vztahů ke společnosti

**Todas las clases industriales anteriores tenían una condición en común**

Všechny dřívější průmyslové třídy měly jednu společnou podmínku

**Confiaban en la conservación de los antiguos modos de producción**

Spoléhali na zachování starých výrobních způsobů

**pero la burguesía trajo consigo una dinámica completamente nueva**

buržoazie však s sebou přinesla zcela novou dynamiku

**Revolucionar constantemente la producción y perturbar ininterrumpidamente todas las condiciones sociales**

Neustálá revoluce ve výrobě a nepřetržité narušování všech společenských podmínek

**esta eterna incertidumbre y agitación distingue a la época burguesa de todas las anteriores**

tato věčná nejistota a neklid odlišují buržoazní epochu od všech dřívějších

**Las relaciones previas con la producción vinieron acompañadas de antiguos y venerables prejuicios y opiniones**
Předchozí styky s výrobou přišly s prastarými a úctyhodnými předsudky a názory
**Pero todas estas relaciones fijas y congeladas son barridas**
ale všechny tyto pevné, rychle zamrzlé vztahy jsou smeteny
**Todas las relaciones recién formadas se vuelven anticuadas antes de que puedan osificarse**
Všechny nově vytvořené vztahy zastarají dříve, než mohou zkostnatět
**Todo lo que es sólido se derrite en el aire, y todo lo que es santo es profanado**
Všechno pevné se rozplývá ve vzduchu a všechno svaté je znesvěceno
**El hombre se ve finalmente obligado a afrontar con sus sentidos sobrios sus verdaderas condiciones de vida**
Člověk je konečně nucen čelit střízlivým smyslům svým skutečným životním podmínkám
**y se ve obligado a afrontar sus relaciones con los de su especie**
a je nucen čelit svým vztahům se svým druhem
**La burguesía necesita constantemente ampliar sus mercados para sus productos**
Buržoazie neustále potřebuje rozšiřovat své trhy pro své výrobky
**y, debido a esto, la burguesía es perseguida por toda la superficie del globo**
a kvůli tomu je buržoazie pronásledována po celém povrchu zeměkoule
**La burguesía debe anidar en todas partes, establecerse en todas partes, establecer conexiones en todas partes**
Buržoazie se musí všude uhnízdit, všude se usadit, všude navázat styky
**La burguesía debe crear mercados en todos los rincones del mundo para explotar**

Buržoazie musí vytvořit trhy ve všech koutech světa, aby je mohla využívat

**La producción y el consumo en todos los países han adquirido un carácter cosmopolita**

Výroba a spotřeba v každé zemi dostaly kosmopolitní charakter

**el disgusto de los reaccionarios es palpable, pero ha continuado a pesar de todo**

rozhořčení reakcionářů je hmatatelné, ale bez ohledu na to pokračovalo

**La burguesía ha sacado de debajo de los pies de la industria el terreno nacional en el que se encontraba**

Buržoazie vytáhla zpod nohou průmyslu národní půdu, na níž stála

**Todas las industrias nacionales de vieja data han sido destruidas, o están siendo destruidas diariamente**

Všechna stará zavedená národní průmyslová odvětví byla zničena nebo jsou denně ničena

**Todas las viejas industrias nacionales son desplazadas por las nuevas industrias**

Všechna stará zavedená národní průmyslová odvětví jsou vytlačována novými průmyslovými odvětvími

**Su introducción se convierte en una cuestión de vida o muerte para todas las naciones civilizadas**

Jejich zavedení se stává otázkou života a smrti pro všechny civilizované národy

**son desalojados por industrias que ya no trabajan con materia prima autóctona**

Jsou vytlačovány průmyslovými odvětvími, která již nezpracovávají domácí suroviny

**En cambio, estas industrias extraen materias primas de las zonas más remotas**

Místo toho tato průmyslová odvětví čerpají suroviny z nejodlehlejších zón

**industrias cuyos productos se consumen, no solo en el país, sino en todos los rincones del mundo**

průmysl, jehož výrobky jsou spotřebovávány nejen doma, ale ve všech částech zeměkoule

**En lugar de las viejas necesidades, satisfechas por las producciones del país, encontramos nuevas necesidades**

Namísto starých potřeb, které jsou uspokojeny produkcí země, nacházíme potřeby nové

**Estas nuevas necesidades requieren para su satisfacción los productos de tierras y climas lejanos**

Tyto nové potřeby vyžadují ke svému uspokojení produkty vzdálených zemí a podnebí

**En lugar de la antigua reclusión y autosuficiencia local y nacional, tenemos el comercio**

Na místo staré lokální a národní odloučenosti a soběstačnosti tu máme obchod

**intercambio internacional en todas las direcciones; Interdependencia universal de las naciones**

mezinárodní výměna ve všech směrech; všeobecná vzájemná závislost národů

**Y así como dependemos de los materiales, también dependemos de la producción intelectual**

A stejně jako jsme závislí na materiálech, jsme závislí na intelektuální produkci

**Las creaciones intelectuales de las naciones individuales se convierten en propiedad común**

Duševní výtvory jednotlivých národů se stávají společným vlastnictvím

**La unilateralidad nacional y la estrechez de miras se vuelven cada vez más imposibles**

Národní jednostrannost a omezenost se stávají stále více nemožnými

**y de las numerosas literaturas nacionales y locales, surge una literatura mundial**

a z četných národních a místních literatur vzniká literatura světová

**por el rápido perfeccionamiento de todos los instrumentos de producción**

rychlým zdokonalováním všech výrobních nástrojů

**por los medios de comunicación inmensamente facilitados**

nesmírně usnadněnými komunikačními prostředky

**La burguesía atrae a todos (incluso a las naciones más bárbaras) a la civilización**

Buržoazie vtahuje do civilizace všechny (i ty nejbarbarštější národy)

**Los precios baratos de sus mercancías; la artillería pesada que derriba todas las murallas chinas**

Nízké ceny jejích komodit; těžké dělostřelectvo, které boří všechny čínské hradby

**El odio intensamente obstinado de los bárbaros hacia los extranjeros se ve obligado a capitular**

Silně tvrdošíjná nenávist barbarů k cizincům je nucena kapitulovat

**Obliga a todas las naciones, bajo pena de extinción, a adoptar el modo de producción burgués**

Nutí všechny národy, aby pod hrozbou zániku přijaly buržoazní výrobní způsob

**los obliga a introducir lo que llama civilización en su seno**

nutí je, aby do svého středu zavedli to, co nazývá civilizací

**La burguesía obliga a los bárbaros a convertirse ellos mismos en burgueses**

Buržoazie nutí barbary, aby se sami stali buržoazií

**en una palabra, la burguesía crea un mundo a su imagen y semejanza**

jedním slovem, buržoazie si vytváří svět k obrazu svému

**La burguesía ha sometido el campo al dominio de las ciudades**

Buržoazie podřídila venkov panství měst

**Ha creado enormes ciudades y ha aumentado considerablemente la población urbana**

Vytvořila obrovská města a výrazně zvýšila městskou populaci

**Rescató a una parte considerable de la población de la idiotez de la vida rural**

zachránila značnou část obyvatelstva před idiocií venkovského života

**pero ha hecho que los del campo dependan de las ciudades**

ale učinila lidi na venkově závislými na městech

**y asimismo, ha hecho que los países bárbaros dependan de los civilizados**

a stejně tak učinila barbarské země závislými na zemích civilizovaných

**naciones de campesinos sobre naciones de la burguesía, el Este sobre el Oeste**

národy rolníků proti národům buržoazie, Východ proti Západu

**La burguesía suprime cada vez más el estado disperso de la población**

Buržoazie stále více odstraňuje roztříštěnost obyvatelstva

**Ha aglomerado la producción y ha concentrado la propiedad en pocas manos**

Má aglomerovanou výrobu a soustředí majetek v několika málo rukou

**La consecuencia necesaria de esto fue la centralización política**

Nutným důsledkem toho byla politická centralizace

**Había habido naciones independientes y provincias poco conectadas**

existovaly nezávislé národy a volně propojené provincie

**Tenían intereses, leyes, gobiernos y sistemas tributarios separados**

Měli odlišné zájmy, zákony, vlády a daňové systémy

**pero se han agrupado en una sola nación, con un solo gobierno**

Ale byli hozeni do jednoho pytle do jednoho národa s jednou vládou

**Ahora tienen un interés nacional de clase, una frontera y un arancel aduanero**

Mají nyní jeden národní třídní zájem, jednu hranici a jeden celní tarif

Y este interés nacional de clase está unificado bajo un solo código de leyes
a tento národní třídní zájem je sjednocen v jednom zákoníku
la burguesía ha logrado mucho durante su gobierno de apenas cien años
buržoazie dosáhla za své panství trvající sotva sto let mnohého
fuerzas productivas más masivas y colosales que todas las generaciones precedentes juntas
masivnější a kolosálnější výrobní síly, než měly všechny předchozí generace dohromady
Las fuerzas de la naturaleza están subyugadas a la voluntad del hombre y su maquinaria
Síly přírody jsou podřízeny vůli člověka a jeho strojů
La química se aplica a todas las formas de industria y tipos de agricultura
chemie se uplatňuje ve všech formách průmyslu a druzích zemědělství
la navegación a vapor, los ferrocarriles, los telégrafos eléctricos y la imprenta
paroplavba, železnice, elektrický telegraf a tiskařský lis
desbroce de continentes enteros para el cultivo, canalización de ríos
mýcení celých kontinentů pro obdělávání, splavňování řek
Poblaciones enteras han sido sacadas de la tierra y puestas a trabajar
Celé populace byly vyrvány ze země a dány do práce
¿Qué siglo anterior tuvo siquiera un presentimiento de lo que podría desencadenarse?
V jakém dřívějším století byla jen předtucha toho, co by mohlo být rozpoutáno?
¿Quién predijo que tales fuerzas productivas dormitaban en el regazo del trabajo social?
Kdo předpověděl, že takové výrobní síly dřímají v klíně společenské práce?

**Vemos, pues, que los medios de producción y de intercambio se generaban en la sociedad feudal**

Vidíme tedy, že výrobní a směnné prostředky byly vytvořeny ve feudální společnosti

**los medios de producción sobre cuyos cimientos se construyó la burguesía**

výrobních prostředků, na jejichž základech se buržoazie vybudovala

**En una determinada etapa del desarrollo de estos medios de producción y de intercambio**

Na určitém stupni vývoje těchto výrobních a směnných prostředků

**las condiciones bajo las cuales la sociedad feudal producía e intercambiaba**

podmínky, za nichž feudální společnost vyráběla a směňovala

**La organización feudal de la agricultura y la industria manufacturera**

feudální organizace zemědělství a manufakturního průmyslu

**Las relaciones feudales de propiedad ya no eran compatibles con las condiciones materiales**

feudální vlastnické vztahy již nebyly slučitelné s materiálními podmínkami

**Tuvieron que ser reventados en pedazos, por lo que fueron reventados en pedazos**

Musely být roztrhány vedví, takže byly roztrhány vedví

**En su lugar entró la libre competencia de las fuerzas productivas**

Na jejich místo nastoupila volná konkurence výrobních sil

**y fueron acompañadas de una constitución social y política adaptada a ella**

a byly doprovázeny společenským a politickým zřízením, které mu bylo přizpůsobeno

**y fue acompañado por el dominio económico y político de la burguesía**

a byla doprovázena ekonomickým a politickým panstvím buržoazní třídy

**Un movimiento similar está ocurriendo ante nuestros propios ojos**

Podobný pohyb se odehrává před našima vlastníma očima

**La sociedad burguesa moderna con sus relaciones de producción, de intercambio y de propiedad**

Moderní buržoazní společnost se svými výrobními vztahy, směnnými a vlastnickými vztahy

**una sociedad que ha conjurado medios de producción y de intercambio tan gigantescos**

Společnost, která vykouzlila tak gigantické výrobní a směnné prostředky

**Es como el hechicero que invocó los poderes del mundo inferior**

Je to jako s čarodějem, který vyvolal síly podsvětí

**Pero ya no es capaz de controlar lo que ha traído al mundo**

On však již není schopen ovládat to, co přinesl na svět

**Durante muchas décadas, la historia pasada estuvo unida por un hilo conductor**

Po mnoho desetiletí byly minulé dějiny svázány společnou nití

**La historia de la industria y del comercio no ha sido más que la historia de las revueltas**

Dějiny průmyslu a obchodu nebyly ničím jiným než dějinami vzpour

**las revueltas de las fuerzas productivas modernas contra las condiciones modernas de producción**

Vzpoury moderních výrobních sil proti moderním výrobním podmínkám

**Las revueltas de las fuerzas productivas modernas contra las relaciones de propiedad**

Vzpoury moderních výrobních sil proti vlastnickým vztahům

**estas relaciones de propiedad son las condiciones para la existencia de la burguesía**

tyto vlastnické vztahy jsou podmínkami existence buržoazie

**y la existencia de la burguesía determina las reglas de las relaciones de propiedad**

a existence buržoazie určuje pravidla vlastnických vztahů

**Baste mencionar el retorno periódico de las crisis comerciales**
Stačí se zmínit o periodickém návratu obchodních krizí
**cada crisis comercial es más amenazante para la sociedad burguesa que la anterior**
každá obchodní krize ohrožuje buržoazní společnost více než ta předchozí
**En estas crisis se destruye gran parte de los productos existentes**
V těchto krizích je zničena velká část stávajících produktů
**Pero estas crisis también destruyen las fuerzas productivas previamente creadas**
Tyto krize však také ničí dříve vytvořené výrobní síly
**En todas las épocas anteriores, estas epidemias habrían parecido un absurdo**
Ve všech dřívějších dobách by se tyto epidemie zdály být absurditou
**porque estas epidemias son las crisis comerciales de la sobreproducción**
neboť tyto epidemie jsou obchodními krizemi z nadvýroby
**De repente, la sociedad se encuentra de nuevo en un estado de barbarie momentánea**
Společnost se náhle ocitá zpět ve stavu momentálního barbarství
**como si una guerra universal de devastación hubiera cortado todos los medios de subsistencia**
jako by všeobecná ničivá válka odřízla všechny prostředky k obživě
**la industria y el comercio parecen haber sido destruidos; ¿Y por qué?**
průmysl a obchod se zdají být zničeny; A proč?
**Porque hay demasiada civilización y medios de subsistencia**
Protože je příliš mnoho civilizace a prostředků k obživě
**y porque hay demasiada industria y demasiado comercio**
a protože je příliš mnoho průmyslu a příliš mnoho obchodu

**Las fuerzas productivas a disposición de la sociedad ya no desarrollan la propiedad burguesa**

Výrobní síly, které má společnost k dispozici, již nerozvíjejí buržoazní vlastnictví

**por el contrario, se han vuelto demasiado poderosos para estas condiciones, por las cuales están encadenados**

naopak, stali se příliš mocnými pro tyto poměry, kterými jsou spoutáni

**tan pronto como superan estas cadenas, traen el desorden a toda la sociedad burguesa**

jakmile tyto okovy překročí, vnášejí nepořádek do celé buržoazní společnosti

**y las fuerzas productivas ponen en peligro la existencia de la propiedad burguesa**

a výrobní síly ohrožují existenci buržoazního vlastnictví

**Las condiciones de la sociedad burguesa son demasiado estrechas para abarcar la riqueza creada por ellas**

Podmínky buržoazní společnosti jsou příliš úzké, než aby obsáhly bohatství, které vytvořila.

**¿Y cómo supera la burguesía estas crisis?**

A jak se buržoazie dostane z těchto krizí?

**Por un lado, supera estas crisis mediante la destrucción forzada de una masa de fuerzas productivas**

Na jedné straně tyto krize překonává násilným ničením masy výrobních sil

**por otro lado, supera estas crisis mediante la conquista de nuevos mercados**

Na druhé straně překonává tyto krize dobýváním nových trhů

**y supera estas crisis mediante la explotación más completa de las viejas fuerzas productivas**

a tyto krize překonává důkladnějším využíváním starých výrobních sil

**Es decir, allanando el camino para crisis más extensas y destructivas**

To znamená tím, že vydláždí cestu rozsáhlejším a ničivějším krizím

**supera la crisis disminuyendo los medios para prevenir las crisis**

překonává krizi tím, že oslabuje prostředky, jimiž lze krizím předcházet

**Las armas con las que la burguesía derribó el feudalismo se vuelven ahora contra sí misma**

Zbraně, kterými buržoazie srazila feudalismus k zemi, se nyní obrací proti ní samé

**Pero la burguesía no sólo ha forjado las armas que le dan la muerte**

Ale buržoazie nejen ukovala zbraně, které jí přinášejí smrt

**También ha llamado a la existencia a los hombres que han de empuñar esas armas**

Také povolala k životu muže, kteří mají tyto zbraně nosit

**Y estos hombres son la clase obrera moderna; Son los proletarios**

a tito lidé jsou moderní dělnickou třídou; Jsou to proletáři

**En la misma proporción en que se desarrolla la burguesía, en la misma proporción se desarrolla el proletariado**

Tou měrou, jak se rozvíjí buržoazie, tou měrou se rozvíjí i proletariát

**La clase obrera moderna desarrolló una clase de trabajadores**

Moderní dělnická třída vytvořila třídu dělníků

**Esta clase de obreros vive sólo mientras encuentran trabajo**

Tato třída dělníků žije jen tak dlouho, dokud najde práci

**y sólo encuentran trabajo mientras su trabajo aumenta el capital**

a práci nacházejí jen tak dlouho, dokud jejich práce rozmnožuje kapitál

**Estos obreros, que deben venderse a destajo, son una mercancía**

Tito dělníci, kteří se musí prodávat po částech, jsou zbožím

**Estos obreros son como cualquier otro artículo de comercio**

Tito dělníci jsou jako každý jiný obchodní artikl

**y, en consecuencia, están expuestos a todas las vicisitudes de la competencia**

a proto jsou vystaveni všem překážkám konkurence

**Tienen que capear todas las fluctuaciones del mercado**

Musí přečkat všechny výkyvy trhu

**Debido al uso extensivo de maquinaria y a la división del trabajo**

Vzhledem k rozsáhlému používání strojů a dělbě práce

**El trabajo de los proletarios ha perdido todo carácter individual**

Práce proletářů ztratila veškerý individuální charakter

**y, en consecuencia, el trabajo de los proletarios ha perdido todo encanto para el obrero**

a v důsledku toho ztratila práce proletářů pro dělníka veškeré kouzlo

**Se convierte en un apéndice de la máquina, en lugar del hombre que una vez fue**

Stává se přívěskem stroje, spíše než člověkem, kterým kdysi byl

**Sólo se requiere de él la habilidad más simple, monótona y más fácil de adquirir**

Vyžaduje se od něj jen ta nejprostší, jednotvárná a nejsnáze nabytá dovednost

**Por lo tanto, el costo de producción de un trabajador está restringido**

Výrobní náklady dělníka jsou tedy omezeny

**se restringe casi por completo a los medios de subsistencia que necesita para su manutención**

je omezena téměř výhradně na prostředky k obživě, které potřebuje ke své obživě

**y se restringe a los medios de subsistencia que necesita para la propagación de su raza**

a je omezena na prostředky k obživě, které potřebuje k rozmnožení své rasy

**Pero el precio de una mercancía, y por lo tanto también del trabajo, es igual a su costo de producción**

Ale cena zboží, a tedy i cena práce, se rovná jeho výrobním nákladům

**Por lo tanto, a medida que aumenta la repulsividad del trabajo, disminuye el salario**

Tou měrou, jak vzrůstá odpudivost práce, klesá tedy i mzda

**Es más, la repulsión de su obra aumenta a un ritmo aún mayor**

Ba naopak, odpudivost jeho práce stoupá ještě více

**A medida que aumenta el uso de maquinaria y la división del trabajo, también lo hace la carga del trabajo**

S tím, jak se zvyšuje používání strojů a dělba práce, vzrůstá i břemeno dřiny

**La carga del trabajo se incrementa con la prolongación de las horas de trabajo**

Břemeno dřiny se zvyšuje prodlužováním pracovní doby

**Se espera más del obrero en el mismo tiempo que antes**

Od dělníka se očekává více ve stejné době jako dříve

**Y, por supuesto, la carga del trabajo aumenta por la velocidad de la maquinaria**

a samozřejmě, že břemeno dřiny se zvyšuje s rychlostí strojů

**La industria moderna ha convertido el pequeño taller del amo patriarcal en la gran fábrica del capitalista industrial**

Velký průmysl přeměnil malou dílnu patriarchálního mistra ve velkou továrnu průmyslového kapitalisty

**Las masas de obreros, hacinados en la fábrica, están organizadas como soldados**

Masy dělníků, namačkaných v továrně, jsou organizovány jako vojáci

**Como soldados rasos del ejército industrial están bajo el mando de una jerarquía perfecta de oficiales y sargentos**

Jako vojíni průmyslové armády jsou postaveni pod velení dokonalé hierarchie důstojníků a seržantů

**no sólo son esclavos de la burguesía y del Estado**

nejsou to jen otroci buržoazní třídy a státu

**pero también son esclavizados diariamente y cada hora por la máquina**

ale jsou také denně a každou hodinu zotročováni strojem

están esclavizados por el vigilante y, sobre todo, por el propio fabricante burgués

jsou zotročeni dohlížejícím a především samotným jednotlivým buržoazním továrníkem

Cuanto más abiertamente proclama este despotismo que la ganancia es su fin y su fin, tanto más mezquino, más odioso y más amargo es

Čím otevřeněji tento despotismus prohlašuje zisk za svůj cíl a cíl, tím je malichernější, nenávistnější a trpčí

Cuanto más se desarrolla la industria moderna, menores son las diferencias entre los sexos

Čím více se moderní průmysl vyvíjí, tím menší jsou rozdíly mezi pohlavími

Cuanto menor es la habilidad y el ejercicio de la fuerza implícitos en el trabajo manual, tanto más el trabajo de los hombres es reemplazado por el de las mujeres

Čím méně zručnosti a námahy síly je v manuální práci obsaženo, tím více je práce mužů nahrazována prací žen

Las diferencias de edad y sexo ya no tienen ninguna validez social distintiva para la clase obrera

Rozdíly ve věku a pohlaví již nemají pro dělnickou třídu žádnou výraznou sociální platnost

Todos son instrumentos de trabajo, más o menos costosos de usar, según su edad y sexo

Všechny jsou to pracovní prostředky, jejichž použití je více či méně nákladné, v závislosti na jejich věku a pohlaví

tan pronto como el obrero recibe su salario en efectivo, es atacado por las otras partes de la burguesía

jakmile dělník dostane svou mzdu v hotovosti, pak se na něj vrhnou ostatní části buržoazie

el propietario, el tendero, el prestamista, etc

statkář, kramář, zastavárník atd.

Los estratos más bajos de la clase media; los pequeños comerciantes y tenderos

Nižší vrstvy střední třídy; drobní živnostníci a kramáři

**los comerciantes jubilados en general, y los artesanos y campesinos**
vůbec pro vysloužilé řemeslníky, pro domácké výrobce a rolníky
**todo esto se hunde poco a poco en el proletariado**
to vše se postupně noří do proletariátu
**en parte porque su minúsculo capital no basta para la escala en que se desarrolla la industria moderna**
zčásti proto, že jejich nepatrný kapitál nestačí na rozsah, v němž se provozuje velký průmysl
**y porque está inundada en la competencia con los grandes capitalistas**
a protože je zavalena konkurencí s velkými kapitalisty
**en parte porque sus habilidades especializadas se vuelven inútiles por los nuevos métodos de producción**
částečně proto, že jejich specializovaná dovednost se novými výrobními metodami stává bezcennou
**De este modo, el proletariado es reclutado entre todas las clases de la población**
Tak se proletariát rekrutuje ze všech tříd obyvatelstva
**El proletariado pasa por varias etapas de desarrollo**
Proletariát prochází různými stupni vývoje
**Con su nacimiento comienza su lucha con la burguesía**
S jejím zrodem začíná její boj s buržoazií
**Al principio, la contienda es llevada a cabo por trabajadores individuales**
Zpočátku je soutěž vedena jednotlivými dělníky
**Entonces el concurso es llevado a cabo por los obreros de una fábrica**
pak v soutěži pokračují dělníci z továrny
**Entonces la contienda es llevada a cabo por los operarios de un oficio, en una localidad**
pak je soutěž vedena dělníky jednoho řemesla na jednom místě
**y la contienda es entonces contra la burguesía individual que los explota directamente**

a pak se bojuje proti jednotlivé buržoazii, která je přímo vykořisťuje

**No dirigen sus ataques contra las condiciones de producción de la burguesía**

Své útoky nezaměřují na buržoazní výrobní podmínky

**pero dirigen su ataque contra los propios instrumentos de producción**

Svůj útok však zaměřují proti samotným výrobním nástrojům

**destruyen mercancías importadas que compiten con su mano de obra**

Ničí dovážené zboží, které konkuruje jejich pracovní síle

**Hacen pedazos la maquinaria y prenden fuego a las fábricas**

Rozbíjejí stroje na kusy a zapalují továrny

**tratan de restaurar por la fuerza el estado desaparecido del obrero de la Edad Media**

snaží se násilím obnovit zaniklé postavení středověkého dělníka

**En esta etapa, los obreros forman todavía una masa incoherente dispersa por todo el país**

Na tomto stupni tvoří dělníci ještě nesourodou masu, roztroušenou po celé zemi

**y se rompen por su mutua competencia**

a jsou rozbity vzájemnou konkurencí

**Si en alguna parte se unen para formar cuerpos más compactos, esto no es todavía la consecuencia de su propia unión activa**

Spojí-li se někde v kompaktnější tělesa, není to ještě důsledek jejich vlastního činného spojení

**pero es una consecuencia de la unión de la burguesía, para alcanzar sus propios fines políticos**

ale je to důsledek sjednocení buržoazie, aby dosáhla svých vlastních politických cílů

**la burguesía se ve obligada a poner en movimiento a todo el proletariado**

buržoazie je nucena uvést do pohybu celý proletariát

**y además, por un momento, la burguesía es capaz de hacerlo**

a kromě toho je toho buržoazie prozatím schopna

**Por lo tanto, en esta etapa, los proletarios no luchan contra sus enemigos**

V této fázi tedy proletáři nebojují proti svým nepřátelům

**sino que están luchando contra los enemigos de sus enemigos**

ale místo toho bojují proti nepřátelům svých nepřátel

**la lucha contra los restos de la monarquía absoluta y los terratenientes**

boj proti zbytkům absolutní monarchie a statkářům

**luchan contra la burguesía no industrial; la pequeña burguesía**

bojují proti neprůmyslové buržoazii; maloburžoazie

**De este modo, todo el movimiento histórico se concentra en manos de la burguesía**

Tak je celý historický pohyb soustředěn v rukou buržoazie

**cada victoria así obtenida es una victoria para la burguesía**

každé takto získané vítězství je vítězstvím buržoazie

**Pero con el desarrollo de la industria, el proletariado no sólo aumenta en número**

Ale s rozvojem průmyslu proletariát nejen vzrůstá co do počtu

**el proletariado se concentra en grandes masas y su fuerza crece**

proletariát se koncentruje ve větších masách a jeho síla roste

**y el proletariado siente cada vez más esa fuerza**

a proletariát pociťuje tuto sílu stále více a více

**Los diversos intereses y condiciones de vida en las filas del proletariado se igualan cada vez más**

Různé zájmy a životní podmínky v řadách proletariátu se stále více vyrovnávají

**se vuelven más proporcionales a medida que la maquinaria borra todas las distinciones de trabajo**

stávají se tím měrnějšími, jak stroje stírají všechny rozdíly v práci

**y la maquinaria reduce los salarios al mismo nivel bajo en casi todas partes**

a stroje téměř všude snižují mzdu na stejně nízkou úroveň

**La creciente competencia entre la burguesía, y las crisis comerciales resultantes, hacen que los salarios de los obreros sean cada vez más fluctuantes**

Vzrůstající konkurence mezi buržoazií a z ní vyplývající obchodní krize způsobují, že mzdy dělníků stále více kolísají

**La mejora incesante de la maquinaria, que se desarrolla cada vez más rápidamente, hace que sus medios de vida sean cada vez más precarios**

Neustálé zdokonalování strojů, které se stále rychleji rozvíjí, činí jejich živobytí stále nejistějším

**los choques entre obreros individuales y burgueses individuales toman cada vez más el carácter de choques entre dos clases**

srážky mezi jednotlivými dělníky a jednotlivou buržoazií nabývají stále více charakteru srážek mezi dvěma třídami

**A partir de ese momento, los obreros comienzan a formar uniones (sindicatos) contra la burguesía**

Nato dělníci začínají vytvářet spolčení (odbory) proti buržoazii

**se agrupan para mantener el ritmo de los salarios**

sdružují se, aby udrželi mzdu na vzestupu

**Fundaron asociaciones permanentes para hacer frente de antemano a estas revueltas ocasionales**

Založili stálé spolky, aby se předem připravili na tyto občasné vzpoury

**Aquí y allá la contienda estalla en disturbios**

Tu a tam propukne soutěž v nepokoje

**De vez en cuando los obreros salen victoriosos, pero sólo por un tiempo**

Tu a tam zvítězí dělníci, ale jen na čas

**El verdadero fruto de sus batallas no reside en el resultado inmediato, sino en la unión cada vez mayor de los trabajadores**

Skutečné plody jejich bojů nespočívají v bezprostředním výsledku, nýbrž ve stále se rozšiřujícím svazku dělníků

**Esta unión se ve favorecida por la mejora de los medios de comunicación creados por la industria moderna**

Tomuto spojení napomáhají zdokonalené komunikační prostředky, které vytváří moderní průmysl

**La comunicación moderna pone en contacto a los trabajadores de diferentes localidades**

moderní komunikace umožňuje pracovníkům z různých lokalit vzájemný kontakt

**Era precisamente este contacto el que se necesitaba para centralizar las numerosas luchas locales en una lucha nacional entre clases**

A právě tohoto kontaktu bylo zapotřebí k tomu, aby se četné místní boje soustředily do jednoho národního boje mezi třídami

**Todas estas luchas tienen el mismo carácter, y toda lucha de clases es una lucha política**

Všechny tyto boje mají týž charakter a každý třídní boj je bojem politickým

**los burgueses de la Edad Media, con sus miserables carreteras, necesitaron siglos para formar sus uniones**

středověkým měšťanům s jejich bídnými cestami trvalo staletí, než utvořili své svazky

**Los proletarios modernos, gracias a los ferrocarriles, logran sus sindicatos en pocos años**

Moderní proletáři díky železnicím dosáhnou svých odborů během několika let

**Esta organización de los proletarios en una clase los formó, por consiguiente, en un partido político**

Tato organizace proletářů ve třídu z nich následně zformovala politickou stranu

**La clase política se ve continuamente molesta por la competencia entre los propios trabajadores**

Politická třída je neustále znovu rozrušována konkurencí mezi samotnými dělníky

**Pero la clase política sigue levantándose de nuevo, más fuerte, más firme, más poderosa**

Politická třída však opět povstává, silnější, pevnější a mocnější
**Obliga al reconocimiento legislativo de los intereses particulares de los trabajadores**
Vyžaduje legislativní uznání partikulárních zájmů pracujících
**lo hace aprovechándose de las divisiones en el seno de la propia burguesía**
dělá to tak, že využívá rozdílů mezi samotnou buržoazií
**De este modo, el proyecto de ley de las diez horas en Inglaterra se convirtió en ley**
Tak byl v Anglii uzákoněn zákon o desetihodinové pracovní době
**en muchos sentidos, las colisiones entre las clases de la vieja sociedad son, además, el curso del desarrollo del proletariado**
v mnoha ohledech jsou srážky mezi třídami staré společnosti dalším směrem vývoje proletariátu
**La burguesía se ve envuelta en una batalla constante**
Buržoazie se ocítá v neustálém boji
**Al principio se verá envuelto en una batalla constante con la aristocracia**
Zpočátku se ocitne v neustálém boji s aristokracií
**más tarde se verá envuelta en una batalla constante con esas partes de la propia burguesía**
později se ocitne v neustálém boji s těmi částmi buržoazie samotné
**y sus intereses se habrán vuelto antagónicos al progreso de la industria**
a jejich zájmy se stanou protichůdnými pokroku průmyslu
**en todo momento, sus intereses se habrán vuelto antagónicos con la burguesía de los países extranjeros**
jejich zájmy se budou vždy stavět do rozporu s buržoazií cizích zemí
**En todas estas batallas se ve obligado a apelar al proletariado y pide su ayuda**
Ve všech těchto bojích se cítí být nucena obracet se na proletariát a žádá ho o pomoc

**y, por lo tanto, se sentirá obligado a arrastrarlo a la arena política**
a tak se bude cítit nucen zatáhnout ji do politické arény
**La burguesía misma, por lo tanto, suministra al proletariado sus propios instrumentos de educación política y general**
Buržoazie sama proto dodává proletariátu své vlastní nástroje politického a všeobecného vzdělání
**en otras palabras, suministra al proletariado armas para luchar contra la burguesía**
jinými slovy, vybavuje proletariát zbraněmi k boji proti buržoazii
**Además, como ya hemos visto, sectores enteros de las clases dominantes se precipitan en el proletariado**
Dále, jak jsme již viděli, jsou celé vrstvy vládnoucích tříd vrženy do proletariátu
**el avance de la industria los absorbe en el proletariado**
pokrok průmyslu je vtahuje do proletariátu
**o, al menos, están amenazados en sus condiciones de existencia**
nebo jsou alespoň ohroženi ve svých existenčních podmínkách
**Estos también suministran al proletariado nuevos elementos de ilustración y progreso**
Ty také dodávají proletariátu nové prvky osvícení a pokroku
**Finalmente, en momentos en que la lucha de clases se acerca a la hora decisiva**
A konečně v dobách, kdy se třídní boj blíží k rozhodující hodině
**el proceso de disolución que se está llevando a cabo en el seno de la clase dominante**
proces rozkladu probíhající uvnitř vládnoucí třídy
**De hecho, la disolución que se está produciendo en el seno de la clase dominante se sentirá en toda la sociedad**
Ve skutečnosti rozklad, který probíhá uvnitř vládnoucí třídy, bude pociťován v celé škále společnosti
**Tomará un carácter tan violento y deslumbrante, que un pequeño sector de la clase dominante se quedará a la deriva**

Nabude tak násilného, do očí bijícího charakteru, že malá část
vládnoucí třídy se odřízne od moře
**y esa clase dominante se unirá a la clase revolucionaria**
a že vládnoucí třída se připojí k revoluční třídě
**La clase revolucionaria es la clase que tiene el futuro en sus
manos**
Revoluční třída je třídou, která drží budoucnost ve svých
rukou
**Al igual que en un período anterior, una parte de la nobleza
se pasó a la burguesía**
Tak jako v dřívějších dobách přešla část šlechty k buržoazii
**de la misma manera que una parte de la burguesía se pasará
al proletariado**
stejně tak část buržoazie přejde k proletariátu
**en particular, una parte de la burguesía pasará a una parte de
los ideólogos de la burguesía**
zejména část buržoazie přejde k části buržoazních ideologů
**Ideólogos burgueses que se han elevado al nivel de
comprender teóricamente el movimiento histórico en su
conjunto**
Buržoazní ideologové, kteří se povznesli na úroveň
teoretického chápání historického hnutí jako celku
**De todas las clases que hoy se encuentran frente a frente con
la burguesía, sólo el proletariado es una clase realmente
revolucionaria**
Ze všech tříd, které dnes stojí proti buržoazii, je jedině
proletariát skutečně revoluční třídou
**Las otras clases decaen y finalmente desaparecen frente a la
industria moderna**
Ostatní třídy upadají a nakonec mizí před velkým průmyslem
**el proletariado es su producto especial y esencial**
proletariát je jeho zvláštním a podstatným produktem
**La clase media baja, el pequeño fabricante, el tendero, el
artesano, el campesino**
Nižší střední třída, drobný tovární, kramář, řemeslník, rolník
**todos ellos luchan contra la burguesía**

všechny tyto boje proti buržoazii

**Luchan como fracciones de la clase media para salvarse de la extinción**

Bojují jako frakce střední třídy, aby se zachránili před vyhynutím

**Por lo tanto, no son revolucionarios, sino conservadores**

Nejsou tedy revoluční, ale konzervativní

**Más aún, son reaccionarios, porque tratan de hacer retroceder la rueda de la historia**

Ba co víc, jsou reakcionáři, protože se snaží vrátit kolo dějin zpět

**Si por casualidad son revolucionarios, lo son sólo en vista de su inminente transferencia al proletariado**

Jsou-li revoluční náhodou, jsou revoluční jen s ohledem na svůj blížící se přechod do proletariátu

**Por lo tanto, no defienden sus intereses presentes, sino sus intereses futuros**

Nehájí tak své nynější, nýbrž budoucí zájmy

**abandonan su propio punto de vista para situarse en el del proletariado**

opouštějí své vlastní stanovisko, aby se postavili na stanovisko proletariátu

**La "clase peligrosa", la escoria social, esa masa pasivamente putrefacta arrojada por las capas más bajas de la vieja sociedad**

"Nebezpečná třída", sociální spodina, ta pasivně hnijící masa odvržená nejnižšími vrstvami staré společnosti

**pueden, aquí y allá, ser arrastrados al movimiento por una revolución proletaria**

Tu a tam mohou být vtaženi do hnutí proletářskou revolucí

**Sus condiciones de vida, sin embargo, la preparan mucho más para el papel de un instrumento sobornado de la intriga reaccionaria**

Jeho životní podmínky jej však mnohem více připravují k úplatku jako podplacený nástroj reakčních intrik

En las condiciones del proletariado, los de la vieja sociedad en general están ya virtualmente desbordados

V podmínkách proletariátu jsou lidé staré společnosti jako celku již prakticky zaplaveni

**El proletario carece de propiedad**

Proletář je bez majetku

**su relación con su mujer y sus hijos ya no tiene nada en común con las relaciones familiares de la burguesía**

jeho vztah k ženě a dětem už nemá nic společného s rodinnými vztahy buržoazie

**el trabajo industrial moderno, el sometimiento moderno al capital, lo mismo en Inglaterra que en Francia, en Estados Unidos como en Alemania**

moderní průmyslová práce, moderní podřízenost kapitálu, stejná v Anglii jako ve Francii, v Americe jako v Německu

**Su condición en la sociedad lo ha despojado de todo rastro de carácter nacional**

Jeho postavení ve společnosti ho zbavilo všech stop národního charakteru

**El derecho, la moral, la religión, son para él otros tantos prejuicios burgueses**

Zákon, morálka, náboženství jsou pro něj tolik buržoazních předsudků

**y detrás de estos prejuicios acechan emboscados otros tantos intereses burgueses**

a za těmito předsudky číhá v záloze právě tolik buržoazních zájmů

**Todas las clases precedentes que se impusieron trataron de fortalecer su estatus ya adquirido**

Všechny předchozí třídy, které získaly převahu, se snažily upevnit své již nabyté postavení

**Lo hicieron sometiendo a la sociedad en general a sus condiciones de apropiación**

Činili tak tím, že společnost jako celek podřizovali svým podmínkám přivlastňování

**Los proletarios no pueden llegar a ser dueños de las fuerzas productivas de la sociedad**

Proletáři se nemohou stát pány výrobních sil společnosti

**sólo puede hacerlo aboliendo su propio modo anterior de apropiación**

Toho může dosáhnout pouze tím, že zruší svůj vlastní předchozí způsob přivlastňování

**y, por lo tanto, también suprime cualquier otro modo anterior de apropiación**

a tím také ruší všechny ostatní dosavadní způsoby přivlastňování

**No tienen nada propio que asegurar y fortificar**

Nemají nic vlastního, co by mohli zabezpečit a opevnit

**Su misión es destruir todos los valores y seguros anteriores de la propiedad individual**

Jejich posláním je zničit všechny předchozí záruky a pojištění individuálního majetku

**Todos los movimientos históricos anteriores fueron movimientos de minorías**

Všechna předchozí historická hnutí byla hnutími menšin

**o eran movimientos en interés de las minorías**

nebo to byla hnutí v zájmu menšin

**El movimiento proletario es el movimiento consciente e independiente de la inmensa mayoría**

Proletářské hnutí je sebeuvědomělé, samostatné hnutí obrovské většiny

**Y es un movimiento en interés de la inmensa mayoría**

a je to hnutí v zájmu obrovské většiny

**El proletariado, el estrato más bajo de nuestra sociedad actual**

Proletariát, nejnižší vrstva naší nynější společnosti

**no puede agitarse ni elevarse sin que todos los estratos superiores de la sociedad oficial salgan al aire**

nemůže se pohnout ani povznést, aniž by se do povětří nevznesly všechny vládnoucí vrstvy oficiální společnosti

Aunque no en el fondo, sí en la forma, la lucha del
proletariado con la burguesía es, al principio, una lucha
nacional
Boj proletariátu s buržoazií, i když ne obsahem, přece formou,
je zprvu bojem národním
El proletariado de cada país debe, por supuesto, en primer
lugar arreglar las cosas con su propia burguesía
Proletariát každé země si ovšem musí nejprve vyřídit věci se
svou vlastní buržoazií
Al describir las fases más generales del desarrollo del
proletariado, hemos trazado la guerra civil más o menos
velada
Při líčení nejobecnějších fází vývoje proletariátu jsme sledovali
více či méně zastřenou občanskou válku
Este civil está haciendo estragos dentro de la sociedad
existente
Toto občanské zuří v nynější společnosti
Se enfurecerá hasta el punto en que esa guerra estalle en una
revolución abierta
Bude zuřit až do bodu, kdy válka vypukne v otevřenou
revoluci
y luego el derrocamiento violento de la burguesía sienta las
bases para el dominio del proletariado
a pak násilné svržení buržoazie položí základ pro vládu
proletariátu
Hasta ahora, todas las formas de sociedad se han basado,
como ya hemos visto, en el antagonismo de las clases
opresoras y oprimidas
Až dosud byla, jak jsme již viděli, každá forma společnosti
založena na protikladu utlačujících a utlačovaných tříd
Pero para oprimir a una clase, hay que asegurarle ciertas
condiciones
Aby však mohla třída utlačovat, musí jí být zajištěny určité
podmínky
La clase debe ser mantenida en condiciones en las que
pueda, por lo menos, continuar su existencia servil

Třída musí být udržována za podmínek, v nichž může
přinejmenším pokračovat ve své otrocké existenci

**El siervo, en el período de la servidumbre, se elevaba a la
comuna**

Nevolník se v době nevolnictví povýšil na člena komuny

**del mismo modo que la pequeña burguesía, bajo el yugo del
absolutismo feudal, logró convertirse en burguesía**

stejně jako se maloburžoazie pod jařmem feudálního
absolutismu dokázala vyvinout v buržoazii

**El obrero moderno, por el contrario, en lugar de elevarse con
el progreso de la industria, se hunde cada vez más**

Naproti tomu moderní dělník, místo aby stoupal s pokrokem
průmyslu, klesá stále hlouběji a hlouběji

**se hunde por debajo de las condiciones de existencia de su
propia clase**

klesá pod existenční podmínky své vlastní třídy

**Se convierte en un indigente, y el pauperismo se desarrolla
más rápidamente que la población y la riqueza**

Stává se žebrákem a pauperismus se rozvíjí rychleji než
obyvatelstvo a bohatství

**Y aquí se hace evidente que la burguesía ya no es apta para
ser la clase dominante de la sociedad**

A zde se ukazuje, že buržoazie už není způsobilá být
vládnoucí třídou ve společnosti

**y no es apta para imponer sus condiciones de existencia a la
sociedad como una ley imperativa**

a není způsobilá vnucovat společnosti své existenční
podmínky jako nadřazený zákon

**Es incapaz de gobernar porque es incapaz de asegurar una
existencia a su esclavo dentro de su esclavitud**

Je nezpůsobilé vládnout, protože není schopno zajistit svému
otroku existenci v jeho otroctví

**porque no puede evitar dejarlo hundirse en tal estado, que
tiene que alimentarlo, en lugar de ser alimentado por él**

neboť ho nemůže nenechat klesnout do takového stavu, že ho
musí živit, místo aby jím krmil

La sociedad ya no puede vivir bajo esta burguesía

Pod touto buržoazií již společnost nemůže žít

En otras palabras, su existencia ya no es compatible con la sociedad

jinými slovy, jeho existence již není slučitelná se společností

La condición esencial para la existencia y el dominio de la burguesía es la formación y el aumento del capital

Podstatnou podmínkou existence a vlády buržoazní třídy je vytváření a rozmnožování kapitálu

La condición del capital es el trabajo asalariado

Podmínkou kapitálu je námezdní práce

El trabajo asalariado se basa exclusivamente en la competencia entre los trabajadores

Námezdní práce spočívá výhradně na konkurenci mezi dělníky

El avance de la industria, cuyo promotor involuntario es la burguesía, sustituye al aislamiento de los obreros

Pokrok průmyslu, jehož bezděčným podporovatelem je buržoazie, nahrazuje izolaci dělníků

por la competencia, por su combinación revolucionaria, por la asociación

kvůli soutěži, kvůli jejich revolučnímu spojení, kvůli asociaci

El desarrollo de la industria moderna corta bajo sus pies los cimientos mismos sobre los cuales la burguesía produce y se apropia de los productos

Rozvoj velkého průmyslu podřezává pod jeho nohama samotné základy, na nichž buržoazie vyrábí a přivlastňuje si výrobky

Lo que la burguesía produce, sobre todo, son sus propios sepultureros

Buržoazie produkuje především své vlastní hrobaře

La caída de la burguesía y la victoria del proletariado son igualmente inevitables

Pád buržoazie i vítězství proletariátu jsou stejně nevyhnutelné

## Proletarios y comunistas
Proletáři a komunisté

**¿Qué relación tienen los comunistas con el conjunto de los proletarios?**

V jakém poměru jsou komunisté k proletářům jako celku?

**Los comunistas no forman un partido separado opuesto a otros partidos de la clase obrera**

Komunisté netvoří samostatnou stranu, která by stála v opozici k ostatním dělnickým stranám

**No tienen intereses separados y aparte de los del proletariado en su conjunto**

Nemají žádné zájmy oddělené a oddělené od zájmů proletariátu jako celku

**No establecen ningún principio sectario propio, con el cual dar forma y moldear el movimiento proletario**

Nestanovují si žádné vlastní sektářské principy, podle kterých by utvářeli a formovali proletářské hnutí

**Los comunistas se distinguen de los demás partidos obreros sólo por dos cosas**

Komunisté se od ostatních dělnických stran liší pouze dvěma věcmi

**En primer lugar, señalan y ponen en primer plano los intereses comunes de todo el proletariado, independientemente de toda nacionalidad**

Za prvé poukazují na společné zájmy celého proletariátu, nezávisle na jakékoli národnosti, a staví je do popředí

**Esto lo hacen en las luchas nacionales de los proletarios de los diferentes países**

To dělají v národních bojích proletářů různých zemí

**En segundo lugar, siempre y en todas partes representan los intereses del movimiento en su conjunto**

Za druhé, vždy a všude zastupují zájmy hnutí jako celku

**esto lo hacen en las diversas etapas de desarrollo por las que tiene que pasar la lucha de la clase obrera contra la burguesía**

Dělají to na různých stupních vývoje, kterými musí projít boj dělnické třídy proti buržoazii

**Los comunistas son, por lo tanto, por una parte, prácticamente, el sector más avanzado y resuelto de los partidos obreros de todos los países**

Komunisté jsou tedy na jedné straně prakticky nejpokrokovější a nejrozhodnější složkou dělnických stran všech zemí

**Son ese sector de la clase obrera que empuja hacia adelante a todos los demás**

Jsou tou částí dělnické třídy, která tlačí vpřed všechny ostatní

**Teóricamente, también tienen la ventaja de entender claramente la línea de marcha**

teoreticky mají také tu výhodu, že jasně chápou linii pochodu

**Esto lo comprenden mejor comparado con la gran masa del proletariado**

to chápou lépe ve srovnání s velkou masou proletariátu

**Comprenden las condiciones y los resultados generales finales del movimiento proletario**

Chápou podmínky a konečné celkové výsledky proletářského hnutí

**El objetivo inmediato del comunista es el mismo que el de todos los demás partidos proletarios**

Bezprostřední cíl komunistů je stejný jako cíl všech ostatních proletářských stran

**Su objetivo es la formación del proletariado en una clase**

Jejich cílem je zformování proletariátu v třídu

**su objetivo es derrocar la supremacía burguesa**

jejich cílem je svrhnout nadvládu buržoazie

**la lucha por la conquista del poder político por el proletariado**

snaha o dobytí politické moci proletariátem

**Las conclusiones teóricas de los comunistas no se basan en modo alguno en ideas o principios de reformadores**

Teoretické závěry komunistů se v žádném případě nezakládají na myšlenkách nebo zásadách reformátorů

**no fueron los aspirantes a reformadores universales los que inventaron o descubrieron las conclusiones teóricas de los comunistas**

nebyli to rádoby univerzální reformátoři, kteří vymysleli nebo objevili teoretické závěry komunistů

**Se limitan a expresar, en términos generales, las relaciones reales que surgen de una lucha de clases existente**

Vyjadřují jen obecně skutečné vztahy, které vyvěrají z existujícího třídního boje

**Y describen el movimiento histórico que está ocurriendo ante nuestros propios ojos y que ha creado esta lucha de clases**

a popisují historický pohyb probíhající před našima očima, který vytvořil tento třídní boj

**La abolición de las relaciones de propiedad existentes no es en absoluto un rasgo distintivo del comunismo**

Zrušení dosavadních vlastnických vztahů není vůbec charakteristickým rysem komunismu

**Todas las relaciones de propiedad en el pasado han estado continuamente sujetas a cambios históricos**

Všechny majetkové vztahy v minulosti neustále podléhají historickým změnám

**y estos cambios fueron consecuencia del cambio en las condiciones históricas**

a tyto změny byly důsledkem změny historických podmínek

**La Revolución Francesa, por ejemplo, abolió la propiedad feudal en favor de la propiedad burguesa**

Francouzská revoluce například zrušila feudální vlastnictví ve prospěch buržoazního vlastnictví

**El rasgo distintivo del comunismo no es la abolición de la propiedad, en general**

Charakteristickým rysem komunismu není zrušení vlastnictví obecně

**pero el rasgo distintivo del comunismo es la abolición de la propiedad burguesa**

ale charakteristickým rysem komunismu je zrušení
buržoazního vlastnictví
**Pero la propiedad privada de la burguesía moderna es la
expresión última y más completa del sistema de producción
y apropiación de productos**
Ale moderní buržoazní soukromé vlastnictví je posledním a
nejúplnějším výrazem systému výroby a přivlastňování
výrobků
**Es el estado final de un sistema que se basa en los
antagonismos de clase, donde el antagonismo de clase es la
explotación de la mayoría por unos pocos**
Je to konečný stav systému, který je založen na třídních
antagonismech, kde třídní antagonismus je vykořisťováním
většiny několika málo lidmi
**En este sentido, la teoría de los comunistas puede resumirse
en una sola frase; la abolición de la propiedad privada**
V tomto smyslu lze teorii komunistů shrnout do jediné věty;
Zrušení soukromého vlastnictví
**A los comunistas se nos ha reprochado el deseo de abolir el
derecho de adquirir personalmente la propiedad**
Nám komunistům bylo vyčítáno, že si přejeme zrušit právo na
osobní nabývání majetku
**Se afirma que esta propiedad es el fruto del propio trabajo
de un hombre**
Tvrdí se, že tato vlastnost je plodem vlastní práce člověka
**y se alega que esta propiedad es la base de toda libertad,
actividad e independencia personal.**
a toto vlastnictví je údajně základem veškeré osobní svobody,
aktivity a nezávislosti.
**"¡Propiedad ganada con esfuerzo, adquirida por uno mismo,
ganada por uno mismo!"**
"Těžce vydobytý, samostatný, samostatně vydělaný majetek!"
**¿Te refieres a la propiedad del pequeño artesano y del
pequeño campesino?**
Myslíte vlastnictví drobného řemeslníka a drobného rolníka?

**¿Te refieres a una forma de propiedad que precedió a la forma burguesa?**
Máte na mysli formu vlastnictví, která předcházela buržoazní formě?
**No hay necesidad de abolir eso, el desarrollo de la industria ya lo ha destruido en gran medida**
To není třeba rušit, rozvoj průmyslu je již do značné míry zničil
**y el desarrollo de la industria sigue destruyéndola diariamente**
a rozvoj průmyslu ji stále denně ničí
**¿O te refieres a la propiedad privada de la burguesía moderna?**
Nebo máte na mysli moderní buržoazní soukromé vlastnictví?
**Pero, ¿crea el trabajo asalariado alguna propiedad para el trabajador?**
Vytváří však námezdní práce pro dělníka nějaké vlastnictví?
**¡No, el trabajo asalariado no crea ni una pizca de este tipo de propiedad!**
Ne, námezdní práce nevytváří ani kousek tohoto druhu vlastnictví!
**Lo que sí crea el trabajo asalariado es capital; ese tipo de propiedad que explota el trabajo asalariado**
to, co námezdní práce vytváří, je kapitál; ten druh vlastnictví, který vykořisťuje námezdní práci
**El capital no puede aumentar sino a condición de engendrar una nueva oferta de trabajo asalariado para una nueva explotación**
Kapitál se může zvětšovat jen za podmínky, že zplodí novou zásobu námezdní práce pro nové vykořisťování
**La propiedad, en su forma actual, se basa en el antagonismo entre el capital y el trabajo asalariado**
Vlastnictví ve své nynější formě se zakládá na protikladu mezi kapitálem a námezdní prací
**Examinemos los dos lados de este antagonismo**
Prozkoumejme obě stránky tohoto protikladu

**Ser capitalista es tener no sólo un estatus puramente personal**

Být kapitalistou neznamená mít jen čistě osobní status

**En cambio, ser capitalista es también tener un estatus social en la producción**

Být kapitalistou znamená mít také společenské postavení ve výrobě

**porque el capital es un producto colectivo; Sólo mediante la acción unida de muchos miembros puede ponerse en marcha**

protože kapitál je kolektivní produkt; Pouze společnou akcí mnoha členů může být uveden do pohybu

**Pero esta acción unida es el último recurso, y en realidad requiere de todos los miembros de la sociedad**

Ale tato společná akce je poslední možností a ve skutečnosti vyžaduje všechny členy společnosti

**El capital se convierte en propiedad de todos los miembros de la sociedad**

Kapitál se přeměňuje ve vlastnictví všech členů společnosti

**pero el Capital no es, por lo tanto, un poder personal; Es un poder social**

ale kapitál tedy není osobní silou; je to společenská síla

**Así, cuando el capital se convierte en propiedad social, la propiedad personal no se transforma en propiedad social**

Když se tedy kapitál přeměňuje ve společenské vlastnictví, nepřeměňuje se tím osobní vlastnictví ve společenské vlastnictví

**Lo único que cambia es el carácter social de la propiedad y pierde su carácter de clase**

Mění se jen společenský charakter vlastnictví, který ztrácí svůj třídní charakter

**Veamos ahora el trabajo asalariado**

Podívejme se nyní na námezdní práci

**El precio medio del trabajo asalariado es el salario mínimo, es decir, la cantidad de medios de subsistencia**

Průměrná cena námezdní práce je minimální mzda, tj. množství životních prostředků

**Este salario es absolutamente necesario en la mera existencia de un obrero**

Tato mzda je naprosto nezbytná v pouhém bytí dělníka

**Por lo tanto, lo que el asalariado se apropia por medio de su trabajo, sólo basta para prolongar y reproducir una existencia desnuda**

To, co si tedy námezdní dělník svou prací přivlastňuje, stačí jen k tomu, aby prodloužilo a reprodukovalo jeho holou existenci

**De ninguna manera pretendemos abolir esta apropiación personal de los productos del trabajo**

V žádném případě nemáme v úmyslu zrušit toto osobní přivlastňování produktů práce

**una apropiación que se hace para el mantenimiento y la reproducción de la vida humana**

přidělení určené na zachování a reprodukci lidského života

**Tal apropiación personal de los productos del trabajo no deja ningún excedente con el que ordenar el trabajo de otros**

Takové osobní přivlastňování produktů práce nezanechává žádný přebytek, kterým by bylo možné řídit práci druhých

**Lo único que queremos eliminar es el carácter miserable de esta apropiación**

Jediné, čeho se chceme zbavit, je bídný charakter tohoto přivlastňování

**la apropiación bajo la cual vive el obrero sólo para aumentar el capital**

přivlastňování, v němž dělník žije jen proto, aby zvětšilo kapitál

**Sólo se le permite vivir en la medida en que lo exija el interés de la clase dominante**

Je mu dovoleno žít jen do té míry, do jaké to vyžaduje zájem vládnoucí třídy

**En la sociedad burguesa, el trabajo vivo no es más que un medio para aumentar el trabajo acumulado**

V buržoazní společnosti je živá práce jen prostředkem ke zvýšení nahromaděné práce

En la sociedad comunista, el trabajo acumulado no es más que un medio para ampliar, para enriquecer y para promover la existencia del obrero

V komunistické společnosti je nahromaděná práce jen prostředkem k rozšíření, obohacení a podpoře existence dělníka

**En la sociedad burguesa, por lo tanto, el pasado domina al presente**

V buržoazní společnosti proto minulost dominuje přítomnosti

**en la sociedad comunista el presente domina al pasado**

v komunistické společnosti převládá přítomnost nad minulostí

**En la sociedad burguesa el capital es independiente y tiene individualidad**

V buržoazní společnosti je kapitál nezávislý a má individualitu

**En la sociedad burguesa la persona viva es dependiente y no tiene individualidad**

V buržoazní společnosti je živá osoba závislá a nemá žádnou individualitu

**¡Y la abolición de este estado de cosas es llamada por la burguesía, abolición de la individualidad y de la libertad!**

A zrušení tohoto stavu věcí nazývá buržoazie zrušením individuality a svobody!

**¡Y con razón se llama la abolición de la individualidad y de la libertad!**

A právem se to nazývá zrušením individuality a svobody!

**El comunismo aspira a la abolición de la individualidad burguesa**

Komunismus usiluje o zrušení buržoazní individuality

**El comunismo pretende la abolición de la independencia burguesa**

Komunismus má v úmyslu zrušit buržoazní samostatnost

**La libertad burguesa es, sin duda, a lo que aspira el comunismo**

Buržoazní svoboda je nepochybně tím, o co komunismus usiluje

**en las actuales condiciones de producción de la burguesía, la libertad significa libre comercio, libre venta y compra**

za současných buržoazních výrobních podmínek znamená svoboda volný obchod, volný prodej a nákup

**Pero si desaparece la venta y la compra, también desaparece la libre venta y la compra**

Pokud ale zmizí prodej a nákup, zmizí i volný prodej a nákup

**Las "palabras valientes" de la burguesía sobre la libre venta y compra sólo tienen sentido en un sentido limitado**

"Odvážná slova" buržoazie o volném prodeji a koupi mají smysl jen v omezeném smyslu

**Estas palabras tienen significado solo en contraste con la venta y la compra restringidas**

Tato slova mají význam pouze v kontrastu s omezeným prodejem a nákupem

**y estas palabras sólo tienen sentido cuando se aplican a los comerciantes encadenados de la Edad Media**

a tato slova mají smysl jen tehdy, když se vztahují na spoutané obchodníky středověku

**y eso supone que estas palabras incluso tienen un significado en un sentido burgués**

a to předpokládá, že tato slova mají vůbec smysl v buržoazním smyslu

**pero estas palabras no tienen ningún significado cuando se usan para oponerse a la abolición comunista de la compra y venta**

ale tato slova nemají žádný význam, když jsou používána jako odpor proti komunistickému zrušení kupování a prodávání

**las palabras no tienen sentido cuando se usan para oponerse a la abolición de las condiciones de producción de la burguesía**

tato slova nemají žádný význam, když jsou používána proti zrušení buržoazních výrobních podmínek

**y no tienen ningún sentido cuando se utilizan para oponerse a la abolición de la propia burguesía**

a nemají žádný význam, když jsou používány jako opozice proti zrušení samotné buržoazie

**Ustedes están horrorizados de nuestra intención de acabar con la propiedad privada**

Jste zděšeni naším úmyslem odstranit soukromé vlastnictví

**Pero en la sociedad actual, la propiedad privada ya ha sido eliminada para las nueve décimas partes de la población**

Ale ve vaší nynější společnosti je soukromé vlastnictví pro devět desetin obyvatelstva již odstraněno

**La existencia de la propiedad privada para unos pocos se debe únicamente a su inexistencia en manos de las nueve décimas partes de la población**

Existence soukromého vlastnictví pro hrstku je jen důsledkem toho, že neexistuje v rukou devíti desetin obyvatelstva

**Por lo tanto, nos reprochas que pretendamos acabar con una forma de propiedad**

Vyčítáte nám tedy, že máme v úmyslu odstranit nějakou formu vlastnictví

**Pero la propiedad privada requiere la inexistencia de propiedad alguna para la inmensa mayoría de la sociedad**

ale soukromé vlastnictví vyžaduje, aby pro nesmírnou většinu společnosti neexistoval žádný majetek

**En una palabra, nos reprochas que pretendamos acabar con tu propiedad**

Jedním slovem, vyčítáte nám, že máme v úmyslu zbavit se vašeho majetku

**Y es precisamente así; prescindir de su propiedad es justo lo que pretendemos**

A je tomu přesně tak; zbavit se vašeho majetku je přesně to, co máme v úmyslu

**Desde el momento en que el trabajo ya no puede convertirse en capital, dinero o renta**

Od chvíle, kdy se práce již nemůže přeměnit v kapitál, peníze nebo rentu

**cuando el trabajo ya no puede convertirse en un poder social capaz de ser monopolizado**

když práce již nemůže být přeměněna ve společenskou moc, která by mohla být monopolizována

**desde el momento en que la propiedad individual ya no puede transformarse en propiedad burguesa**

od okamžiku, kdy individuální vlastnictví již nemůže být přeměněno ve vlastnictví buržoazie

**desde el momento en que la propiedad individual ya no puede transformarse en capital**

od okamžiku, kdy individuální vlastnictví již nemůže být přeměněno v kapitál

**A partir de ese momento, dices que la individualidad se desvanece**

Od té chvíle říkáte, že individualita mizí

**Debéis confesar, pues, que por "individuo" no os referimos a otra persona que a la burguesía**

Musíte tedy přiznat, že "jednotlivcem" nemyslíte nikoho jiného než buržoazii

**Debes confesar que se refiere específicamente al propietario de una propiedad de clase media**

Musíte přiznat, že se konkrétně vztahuje na vlastníka majetku ze střední třídy

**Esta persona debe, en verdad, ser barrida del camino, y hecha imposible**

Tato osoba musí být přece smetena z cesty a znemožněna

**El comunismo no priva a ningún hombre del poder de apropiarse de los productos de la sociedad**

Komunismus nezbavuje nikoho moci přivlastňovat si produkty společnosti

**todo lo que hace el comunismo es privarlo del poder de subyugar el trabajo de otros por medio de tal apropiación**

vše, co komunismus dělá, je, že ho zbavuje moci podrobit si práci druhých prostřednictvím takového přivlastňování

**Se ha objetado que, tras la abolición de la propiedad privada, cesará todo trabajo**

Někdo namítal, že po zrušení soukromého vlastnictví skončí veškerá práce

**y entonces se sugiere que la pereza universal se apoderará de nosotros**

a pak se naznačuje, že nás přemůže všeobecná lenost

**De acuerdo con esto, la sociedad burguesa debería haber ido hace mucho tiempo a los perros por pura ociosidad**

Podle toho měla buržoazní společnost už dávno jít k smrti z čiré zahálky

**porque los de sus miembros que trabajan, no adquieren nada**

protože ti z jejích členů, kteří pracují, nezískávají nic

**y los de sus miembros que adquieren algo, no trabajan**

a ti z jejích členů, kteří něco získají, nepracují

**Toda esta objeción no es más que otra expresión de la tautología**

Celá tato námitka je jen jiným výrazem tautologie

**Ya no puede haber trabajo asalariado cuando ya no hay capital**

Námezdní práce už nemůže existovat, když už není kapitál

**No hay diferencia entre los productos materiales y los productos mentales**

Není žádný rozdíl mezi materiálními produkty a duševními produkty

**El comunismo propone que ambos se producen de la misma manera**

Komunismus navrhuje, že obojí je produkováno stejným způsobem

**pero las objeciones contra los modos comunistas de producirlos son las mismas**

ale námitky proti komunistickým způsobům jejich výroby jsou stejné

**para la burguesía, la desaparición de la propiedad de clase es la desaparición de la producción misma**

pro buržoazii je zánik třídního vlastnictví zánikem samotné výroby

**De modo que la desaparición de la cultura de clase es para él idéntica a la desaparición de toda cultura**

Zánik třídní kultury je pro něj tedy totožný se zánikem veškeré kultury

**Esa cultura, cuya pérdida lamenta, es para la inmensa mayoría un mero entrenamiento para actuar como una máquina**

Kultura, nad jejíž ztrátou běduje, je pro obrovskou většinu pouhým tréninkem k tomu, aby se chovala jako stroj

**Los comunistas tienen la firme intención de abolir la cultura de la propiedad burguesa**

Komunisté mají velmi v úmyslu zrušit kulturu buržoazního vlastnictví

**Pero no discutan con nosotros mientras apliquen el estándar de sus nociones burguesas de libertad, cultura, ley, etc**

Ale nehádejte se s námi, pokud budete uplatňovat měřítka svých buržoazních představ o svobodě, kultuře, právu atd

**Vuestras mismas ideas no son más que el resultado de las condiciones de la producción burguesa y de la propiedad burguesa**

Vaše vlastní ideje jsou jen výsledkem podmínek vaší buržoazní výroby a buržoazního vlastnictví

**del mismo modo que vuestra jurisprudencia no es más que la voluntad de vuestra clase convertida en ley para todos**

Tak jako vaše právní věda není ničím jiným než vůlí vaší třídy, která se stala zákonem pro všechny

**El carácter esencial y la dirección de esta voluntad están determinados por las condiciones económicas que crea su clase social**

Základní charakter a směřování této vůle jsou určeny ekonomickými podmínkami, které vytváří vaše společenská třída

**El concepto erróneo egoísta que te induce a transformar las formas sociales en leyes eternas de la naturaleza y de la razón**

Sobecký omyl, který vás vede k přeměně společenských forem
ve věčné zákony přírody a rozumu

**las formas sociales que brotan de vuestro actual modo de
producción y de vuestra forma de propiedad**
společenské formy, které vyrůstají z vašeho nynějšího
výrobního způsobu a formy vlastnictví

**relaciones históricas que surgen y desaparecen en el
progreso de la producción**
historické vztahy, které vznikají a mizí v průběhu výroby

**Este concepto erróneo lo compartes con todas las clases
dominantes que te han precedido**
Tuto mylnou představu sdílíte s každou vládnoucí třídou,
která byla před vámi

**Lo que se ve claramente en el caso de la propiedad antigua,
lo que se admite en el caso de la propiedad feudal**
Co jasně vidíte u starého vlastnictví, co připouštíte u
feudálního vlastnictví

**estas cosas, por supuesto, le está prohibido admitir en el caso
de su propia forma burguesa de propiedad**
tyto věci je vám ovšem zakázáno připustit, jde-li o vaši vlastní
buržoazní formu vlastnictví

**¡Abolición de la familia! Hasta los más radicales estallan
ante esta infame propuesta de los comunistas**
Zrušení rodiny! Dokonce i ti nejradikálnější vzplanuli nad
tímto hanebným návrhem komunistů

**¿Sobre qué base se asienta la familia actual, la familia
Bourgeoisie?**
Na jakém základě je založena nynější rodina, buržoazní
rodina?

**La base de la familia actual se basa en el capital y la
ganancia privada**
Základ současné rodiny je založen na kapitálu a soukromém
zisku

**En su forma completamente desarrollada, esta familia sólo
existe entre la burguesía**

Ve své úplně vyvinuté formě existuje tato rodina jen mezi
buržoazií
**Este estado de cosas encuentra su complemento en la
ausencia práctica de la familia entre los proletarios**
Tento stav věcí nachází svůj doplněk v praktické absenci
rodiny mezi proletáři
**Este estado de cosas se puede encontrar en la prostitución
pública**
Tento stav věcí lze nalézt ve veřejné prostituci
**La familia Bourgeoisie se desvanecerá como algo natural
cuando su complemento se desvanezca**
Buržoazní rodina zmizí jako samozřejmost, jakmile zmizí její
doplněk
**y ambos se desvanecerán con la desaparición del capital**
a obojí zmizí se zánikem kapitálu
**¿Nos acusan de querer detener la explotación de los niños
por parte de sus padres?**
Obviňujete nás z toho, že chceme zastavit vykořisťování dětí
jejich rodiči?
**De este crimen nos declaramos culpables**
K tomuto zločinu se přiznáváme
**Pero, dirás, destruimos la más sagrada de las relaciones,
cuando reemplazamos la educación en el hogar por la
educación social**
Řeknete však, že ničíme nejposvátnější vztahy, když
nahradíme domácí výchovu výchovou společenskou
**¿No es también social su educación? ¿Y no está determinado
por las condiciones sociales en las que se educa?**
Není vaše vzdělání také sociální? A není to dáno
společenskými podmínkami, za kterých vychováváte?
**por la intervención, directa o indirecta, de la sociedad, por
medio de las escuelas, etc.**
přímým nebo nepřímým zásahem společnosti,
prostřednictvím škol atd.
**Los comunistas no han inventado la intervención de la
sociedad en la educación**

Komunisté nevynalezli zásah společnosti do vzdělávání

**lo único que pretenden es alterar el carácter de esa intervención**

Snaží se pouze změnit povahu tohoto zásahu

**y buscan rescatar la educación de la influencia de la clase dominante**

a snaží se zachránit vzdělání z vlivu vládnoucí třídy

**La burguesía habla de la sagrada correlación entre padres e hijos**

Buržoazie mluví o posvátném soužití rodiče a dítěte

**pero esta trampa sobre la familia y la educación se vuelve aún más repugnante cuando miramos a la industria moderna**

ale tato past na rodinu a vzdělání se stává o to odpornější, když se podíváme na velký průmysl

**Todos los lazos familiares entre los proletarios son desgarrados por la industria moderna**

Všechny rodinné svazky mezi proletáři jsou rozervány velkým průmyslem

**Sus hijos se transforman en simples artículos de comercio e instrumentos de trabajo**

Jejich děti se promění v prosté obchodní předměty a pracovní nástroje

**Pero vosotros, los comunistas, creáis una comunidad de mujeres, grita a coro toda la burguesía**

Ale vy komunisté byste vytvořili ženskou komunitu, křičí sborově celá buržoazie

**La burguesía ve en su mujer un mero instrumento de producción**

Buržoazie vidí ve své ženě pouhý výrobní nástroj

**Oye que los instrumentos de producción deben ser explotados por todos**

Slyší, že výrobní nástroje mají být využívány všemi

**Y, naturalmente, no puede llegar a otra conclusión que la de que la suerte de ser común a todos recaerá igualmente en las mujeres**

a přirozeně nemůže dojít k jinému závěru než k tomu, že úděl být společný všem připadne také ženám

**Ni siquiera sospecha que el verdadero objetivo es acabar con la condición de la mujer como meros instrumentos de producción**

Nemá ani tušení, že ve skutečnosti jde o to, aby se odstranilo postavení žen jako pouhých výrobních nástrojů

**Por lo demás, nada es más ridículo que la virtuosa indignación de nuestra burguesía contra la comunidad de mujeres**

Ostatně není nic směšnějšího než ctnostné rozhořčení naší buržoazie nad společenstvím žen

**pretenden que sea abierta y oficialmente establecida por los comunistas**

předstírají, že má být otevřeně a oficiálně založena komunisty

**Los comunistas no tienen necesidad de introducir la comunidad de mujeres, ha existido casi desde tiempos inmemoriales**

Komunisté nemají potřebu zavádět komunitu žen, existuje téměř od nepaměti

**Nuestra burguesía no se contenta con tener a su disposición a las mujeres e hijas de sus proletarios**

Naše buržoazie se nespokojuje s tím, že má k dispozici ženy a dcery svých proletářů

**Tienen el mayor placer en seducir a las esposas de los demás**

mají největší potěšení z toho, že si navzájem svádějí manželky

**Y eso sin hablar de las prostitutas comunes**

a to ani nemluvím o obyčejných prostitutkách

**El matrimonio burgués es en realidad un sistema de esposas en común**

Buržoazní manželství je ve skutečnosti systémem společných manželek

**entonces hay una cosa que se podría reprochar a los comunistas**

pak je tu jedna věc, která by snad mohla být komunistům vytýkána

**Desean introducir una comunidad de mujeres abiertamente legalizada**
Touží po zavedení otevřeně legalizované komunity žen
**en lugar de una comunidad de mujeres hipócritamente oculta**
spíše než pokrytecky skrývané společenství žen
**la comunidad de mujeres que surgen del sistema de producción**
komunita žen pramenící ze systému výroby
**abolid el sistema de producción y abolid la comunidad de mujeres**
Zrušte výrobní systém a zrušíte společenství žen
**Se suprime la prostitución pública y la prostitución privada**
Byla zrušena jak veřejná prostituce, tak soukromá prostituce
**A los comunistas se les reprocha, además, que desean abolir los países y las nacionalidades**
Komunistům se dále více vytýká, že si přejí zrušit země a národnosti
**Los trabajadores no tienen patria, así que no podemos quitarles lo que no tienen**
Pracující lidé nemají žádnou vlast, takže jim nemůžeme vzít to, co nemají
**El proletariado debe, ante todo, adquirir la supremacía política**
Proletariát musí v první řadě získat politické panství
**El proletariado debe elevarse para ser la clase dirigente de la nación**
Proletariát se musí pozvednout a stát se vedoucí třídou národa
**El proletariado debe constituirse en la nación**
Proletariát se musí ustavit národem
**es, hasta ahora, nacional, aunque no en el sentido burgués de la palabra**
je zatím sama o sobě národní, i když ne v buržoazním smyslu slova

**Las diferencias nacionales y los antagonismos entre los pueblos desaparecen cada día más**

Národnostní rozdíly a protiklady mezi národy se den ode dne více a více vytrácejí

**debido al desarrollo de la burguesía, a la libertad de comercio, al mercado mundial**

díky rozvoji buržoazie, svobodě obchodu, světovému trhu

**a la uniformidad en el modo de producción y en las condiciones de vida correspondientes**

stejnorodosti výrobního způsobu a jemu odpovídajících životních podmínek

**La supremacía del proletariado hará que desaparezcan aún más rápidamente**

Nadvláda proletariátu způsobí, že zmizí ještě rychleji

**La acción unida, al menos de los principales países civilizados, es una de las primeras condiciones para la emancipación del proletariado**

Jednotná akce, přinejmenším ve vedoucích civilisovaných zemích, je jednou z prvních podmínek osvobození proletariátu

**En la medida en que se ponga fin a la explotación de un individuo por otro, también se pondrá fin a la explotación de una nación por otra.**

Tou měrou, jak se bude skončit vykořisťování jednoho jednotlivce druhým, bude také ukončeno vykořisťování jednoho národa druhým

**A medida que desaparezca el antagonismo entre las clases dentro de la nación, la hostilidad de una nación hacia otra llegará a su fin**

Tou měrou, jak mizí protiklad mezi třídami uvnitř národa, tím skončí i nepřátelství jednoho národa vůči druhému

**Las acusaciones contra el comunismo hechas desde un punto de vista religioso, filosófico y, en general, ideológico, no merecen un examen serio**

Obvinění proti komunismu vznesená z hlediska náboženského, filozofického a vůbec z ideologického hlediska nezasluhují vážného zkoumání

¿Se requiere una intuición profunda para comprender que las ideas, puntos de vista y concepciones del hombre cambian con cada cambio en las condiciones de su existencia material?

Je třeba hlubokého cítění, abychom pochopili, že myšlenky, názory a pojmy člověka se mění s každou změnou podmínek jeho hmotného bytí?

¿No es obvio que la conciencia del hombre cambia cuando cambian sus relaciones sociales y su vida social?

Není snad samozřejmé, že vědomí člověka se mění, když se mění jeho společenské vztahy a společenský život?

¿Qué otra cosa prueba la historia de las ideas sino que la producción intelectual cambia de carácter a medida que cambia la producción material?

Co jiného dokazují dějiny idejí, než že intelektuální produkce mění svůj charakter tou měrou, jak se mění materiální výroba?

Las ideas dominantes de cada época han sido siempre las ideas de su clase dominante

Vládnoucí ideje každé doby byly vždy idejemi její vládnoucí třídy

Cuando se habla de ideas que revolucionan la sociedad, no hace más que expresar un hecho

Když lidé mluví o myšlenkách, které revolucionizují společnost, vyjadřují jen jednu skutečnost

Dentro de la vieja sociedad, se han creado los elementos de una nueva

Ve staré společnosti byly vytvořeny prvky nové společnosti

y que la disolución de las viejas ideas sigue el mismo ritmo que la disolución de las viejas condiciones de existencia

a že rozklad starých idejí drží krok s rozkladem starých existenčních podmínek

Cuando el mundo antiguo estaba en sus últimos estertores, las religiones antiguas fueron vencidas por el cristianismo

Když byl starověký svět v posledních křečích, byla starověká náboženství přemožena křesťanstvím

**Cuando las ideas cristianas sucumbieron en el siglo XVIII a las ideas racionalistas, la sociedad feudal libró su batalla a muerte contra la burguesía revolucionaria de entonces**
Když křesťanské ideje v 18. století podlehly racionalistickým idejím, feudální společnost svedla smrtelnou bitvu s tehdejší revoluční buržoazií

**Las ideas de la libertad religiosa y de la libertad de conciencia no hacían más que expresar el dominio de la libre competencia en el dominio del conocimiento**
Myšlenky náboženské svobody a svobody svědomí pouze vyjadřovaly nadvládu svobodné soutěže v oblasti vědění

**"Indudablemente", se dirá, "las ideas religiosas, morales, filosóficas y jurídicas se han modificado en el curso del desarrollo histórico"**
Řekne se, že "náboženské, mravní, filozofické a právní ideje se v průběhu dějinného vývoje nepochybně změnily"

**"Pero la religión, la filosofía de la moral, la ciencia política y el derecho, sobrevivieron constantemente a este cambio"**
"Ale náboženství, filozofie morálky, politická věda a právo neustále přežívaly tuto změnu."

**"También hay verdades eternas, como la Libertad, la Justicia, etc."**
"Existují také věčné pravdy, jako je svoboda, spravedlnost atd."

**"Estas verdades eternas son comunes a todos los estados de la sociedad"**
"Tyto věčné pravdy jsou společné všem stavům společnosti"

**"Pero el comunismo suprime las verdades eternas, suprime toda religión y toda moral"**
"Ale komunismus ruší věčné pravdy, ruší veškeré náboženství a veškerou morálku."

**"Lo hace en lugar de constituirlos sobre una nueva base"**
"dělá to, místo aby je ustavovala na novém základě"

**"Por lo tanto, actúa en contradicción con toda la experiencia histórica pasada"**

"jedná tedy v rozporu s veškerou minulou historickou zkušeností"

**¿A qué se reduce esta acusación?**

Na co se toto obvinění redukuje?

**La historia de toda la sociedad pasada ha consistido en el desarrollo de antagonismos de clase**

Dějiny celé minulé společnosti spočívaly ve vývoji třídních protikladů

**antagonismos que asumieron diferentes formas en diferentes épocas**

antagonismy, které nabývaly různých forem v různých epochách

**Pero cualquiera que sea la forma que hayan tomado, un hecho es común a todas las épocas pasadas**

Ale ať už na sebe vzaly jakoukoli formu, jedna skutečnost je společná všem minulým věkům

**la explotación de una parte de la sociedad por la otra**

vykořisťování jedné části společnosti druhou

**No es de extrañar, pues, que la conciencia social de épocas pasadas se mueva dentro de ciertas formas comunes o ideas generales**

Není tedy divu, že se společenské vědomí minulých věků pohybuje v určitých běžných formách nebo obecných idejích

**(y eso a pesar de toda la multiplicidad y variedad que muestra)**

(a to navzdory vší rozmanitosti a rozmanitosti, kterou zobrazuje)

**y éstos no pueden desaparecer por completo sino con la desaparición total de los antagonismos de clase**

a ty nemohou úplně zmizet jinak než úplným vymizením třídních protikladů

**La revolución comunista es la ruptura más radical con las relaciones tradicionales de propiedad**

Komunistická revoluce je nejradikálnějším rozchodem s tradičními vlastnickými vztahy

**No es de extrañar que su desarrollo implique la ruptura más radical con las ideas tradicionales**

Není divu, že její vývoj zahrnuje nejradikálnější rozchod s tradičními idejemi

**Pero dejemos de lado las objeciones de la burguesía al comunismo**

Ale skončeme s námitkami buržoazie vůči komunismu

**Hemos visto más arriba el primer paso de la revolución de la clase obrera**

Výše jsme viděli první krok v revoluci dělnické třídy

**Hay que elevar al proletariado a la posición de gobernante, para ganar la batalla de la democracia**

Proletariát musí být povýšen do pozice vládce, aby vyhrál bitvu za demokracii

**El proletariado utilizará su supremacía política para arrebatar, poco a poco, todo el capital a la burguesía**

Proletariát využije své politické nadvlády k tomu, aby postupně vyrval buržoazii všechen kapitál

**centralizará todos los instrumentos de producción en manos del Estado**

bude centralizovat všechny výrobní nástroje v rukou státu

**En otras palabras, el proletariado organizado como clase dominante**

Jinými slovy, proletariát se organizoval jako vládnoucí třída

**y aumentará el total de las fuerzas productivas lo más rápidamente posible**

a co nejrychleji zvýší úhrn výrobních sil

**Por supuesto, al principio, esto no puede llevarse a cabo sino por medio de incursiones despóticas en los derechos de propiedad**

Samozřejmě, že na začátku to nemůže být provedeno jinak než prostřednictvím despotických zásahů do vlastnických práv

**y tiene que lograrse en las condiciones de la producción burguesa**

a musí být dosaženo za podmínek buržoazní výroby

Por lo tanto, se logra mediante medidas que parecen económicamente insuficientes e insostenibles

Toho je proto dosaženo pomocí opatření, která se jeví jako ekonomicky nedostatečná a neudržitelná

pero estos medios, en el curso del movimiento, se superan a sí mismos

ale tyto prostředky v průběhu pohybu předstihují samy sebe

Requieren nuevas incursiones en el viejo orden social

Vyžadují další zásahy do starého společenského řádu

y son ineludibles como medio de revolucionar por completo el modo de producción

a jsou nevyhnutelné jako prostředek k úplné revoluci ve výrobním způsobu

Por supuesto, estas medidas serán diferentes en los distintos países

Tato měřítka se budou samozřejmě v různých zemích lišit

Sin embargo, en los países más avanzados, lo siguiente será de aplicación bastante general

Nicméně v nejvyspělejších zemích bude následující docela obecně platit

1. Abolición de la propiedad de la tierra y aplicación de todas las rentas de la tierra a fines públicos.

1. Zrušení vlastnictví půdy a použití všech pozemkových rent.

2. Un fuerte impuesto progresivo o gradual sobre la renta.

2. Vysoká progresivní nebo odstupňovaná daň z příjmu.

3. Abolición de todo derecho de herencia.

3. Zrušení veškerého dědického práva.

4. Confiscación de los bienes de todos los emigrantes y rebeldes.

4. Konfiskace majetku všech emigrantů a vzbouřenců.

5. Centralización del crédito en manos del Estado, por medio de un banco nacional de capital estatal y monopolio exclusivo.

5. Centralizace úvěrů v rukou státu prostřednictvím národní banky se státním kapitálem a výhradním monopolem.

**6. Centralización de los medios de comunicación y transporte en manos del Estado.**

6. Centralizace komunikačních a dopravních prostředků v rukou státu.

**7. Ampliación de fábricas e instrumentos de producción propiedad del Estado**

7. Rozšíření továren a výrobních nástrojů ve vlastnictví státu

**la puesta en cultivo de tierras baldías y el mejoramiento del suelo en general de acuerdo con un plan común.**

obdělávání pustin a všeobecné zlepšování půdy v souladu se společným plánem.

**8. Igual responsabilidad de todos hacia el trabajo**

8. Stejná odpovědnost všech vůči práci

**Establecimiento de ejércitos industriales, especialmente para la agricultura.**

Zřizování průmyslových armád, zejména pro zemědělství.

**9. Combinación de la agricultura con las industrias manufactureras**

9. Spojení zemědělství s výrobním průmyslem

**Abolición gradual de la distinción entre la ciudad y el campo, por una distribución más equitativa de la población en todo el país.**

Postupné odstraňování rozdílu mezi městem a venkovem prostřednictvím rovnoměrnějšího rozdělení obyvatelstva po celé zemi.

**10. Educación gratuita para todos los niños en las escuelas públicas.**

10. Bezplatné vzdělání pro všechny děti ve veřejných školách.

**Abolición del trabajo infantil en las fábricas en su forma actual**

Zrušení dětské tovární práce v její současné podobě

**Combinación de la educación con la producción industrial**

Spojení vzdělávání s průmyslovou výrobou

**Cuando, en el curso del desarrollo, las distinciones de clase han desaparecido**

Až v průběhu vývoje zmizí třídní rozdíly

y cuando toda la producción se ha concentrado en manos de
una vasta asociación de toda la nación

a když veškerá výroba byla soustředěna v rukou obrovského
sdružení celého národa

entonces el poder público perderá su carácter político

pak veřejná moc ztratí svůj politický charakter

El poder político, propiamente dicho, no es más que el poder
organizado de una clase para oprimir a otra

Politická moc ve vlastním slova smyslu je jen organizovaná
moc jedné třídy k utlačování druhé třídy

Si el proletariado, en su lucha contra la burguesía, se ve
obligado, por la fuerza de las circunstancias, a organizarse
como clase

Je-li proletariát během svého zápasu s buržoazií nucen silou
okolností organizovat se jako třída

si, por medio de una revolución, se convierte en la clase
dominante

pokud se prostřednictvím revoluce stane vládnoucí třídou

y, como tal, barre por la fuerza las viejas condiciones de
producción

a jako taková násilím strhává staré výrobní podmínky

entonces, junto con estas condiciones, habrá barrido las
condiciones para la existencia de los antagonismos de clase y
de las clases en general

Pak spolu s těmito podmínkami smete i podmínky pro
existenci třídních protikladů a tříd vůbec

y con ello habrá abolido su propia supremacía como clase.

a tím zruší svou vlastní nadvládu jako třídy.

En lugar de la vieja sociedad burguesa, con sus clases y sus
antagonismos de clase, tendremos una asociación

Na místo staré buržoazní společnosti s jejími třídami a
třídními protiklady nastoupí sdružení

una asociación en la que el libre desarrollo de cada uno sea
la condición para el libre desarrollo de todos

Sdružení, v němž svobodný rozvoj každého je podmínkou
svobodného rozvoje všech

## 1) Socialismo reaccionario
1) Reakční socialismus

## a) Socialismo feudal
a) Feudální socialismus

**las aristocracias de Francia e Inglaterra tenían una posición histórica única**
aristokracie Francie a Anglie měla jedinečné historické postavení
**se convirtió en su vocación escribir panfletos contra la sociedad burguesa moderna**
stalo se jejich povoláním psát pamflety proti moderní buržoazní společnosti
**En la Revolución Francesa de julio de 1830 y en la agitación reformista inglesa**
Ve francouzské revoluci v červenci 1830 a v anglické reformní agitaci
**Estas aristocracias sucumbieron de nuevo ante el odioso advenedizo**
Tato aristokracie opět podlehla nenáviděnému povýšenci
**A partir de entonces, una contienda política seria quedó totalmente fuera de discusión**
Od té doby nepřicházelo vůbec v úvahu vážný politický souboj
**Todo lo que quedaba posible era una batalla literaria, no una batalla real**
Jediné, co zbývalo, byla literární bitva, nikoli skutečná bitva
**Pero incluso en el dominio de la literatura, los viejos gritos del período de la restauración se habían vuelto imposibles**
Ale i v oblasti literatury se staré výkřiky z doby restaurace staly nemožnými
**Para despertar simpatías, la aristocracia se vio obligada a perder de vista, aparentemente, sus propios intereses**
Aby vzbudila sympatie, musela aristokracie zřejmě ztratit ze zřetele své vlastní zájmy

y se vieron obligados a formular su acusación contra la burguesía en interés de la clase obrera explotada

a byli nuceni formulovat svou obžalobu proti buržoazii v zájmu vykořisťované dělnické třídy

**Así, la aristocracia se vengó cantando sátiras a su nuevo amo**

Tak se aristokracie pomstila tím, že svého nového pána zesměšňovala

**y se vengaron susurrándole al oído siniestras profecías de catástrofe venidera**

a pomstili se mu tím, že mu do uší šeptali zlověstná proroctví o blížící se katastrofě

**De esta manera surgió el socialismo feudal: mitad lamentación, mitad sátira**

Tak vznikl feudální socialismus: napůl nářek, napůl výsměch

**Sonaba como medio eco del pasado y proyectaba mitad amenaza del futuro**

znělo to jako napůl ozvěna minulosti a napůl jako promítaná hrozba budoucnosti

**a veces, con su crítica amarga, ingeniosa e incisiva, golpeó a la burguesía hasta la médula**

někdy svou hořkou, vtipnou a pronikavou kritikou zasáhla buržoazii až do samého jádra

**pero siempre fue ridículo en su efecto, por su total incapacidad para comprender la marcha de la historia moderna**

ale ve svém účinku to bylo vždy směšné, protože to nebylo vůbec možné pochopit běh moderních dějin

**La aristocracia, con el fin de atraer al pueblo hacia ellos, agitaba la bolsa de limosnas proletaria delante como una bandera**

Aristokracie, aby k sobě přitáhla lid, mávala před sebou proletářským měšcem almužny jako praporem

**Pero el pueblo, tan a menudo como se unía a ellos, veía en sus cuartos traseros los antiguos escudos de armas feudales**

Ale lid, kdykoli se k nim připojil, viděl na svých zadcích staré feudální erby

**y desertaron con carcajadas ruidosas e irreverentes**

a oni odešli s hlasitým a neuctivým smíchem

**Un sector de los legitimistas franceses y de la "Joven Inglaterra" exhibió este espectáculo**

Jedna část francouzských legitimistů a "mladé Anglie" předváděla toto představení

**los feudales señalaban que su modo de explotación era diferente al de la burguesía**

feudálové poukazovali na to, že jejich způsob vykořisťování je odlišný od způsobu vykořisťování buržoazie

**Los feudales olvidan que explotaron en circunstancias y condiciones muy diferentes**

Feudálové zapomínají, že vykořisťovali za okolností a podmínek, které byly zcela odlišné

**Y no se dieron cuenta de que tales métodos de explotación ahora son anticuados**

A nevšimli si, že takové metody vykořisťování jsou nyní zastaralé

**demostraron que, bajo su gobierno, el proletariado moderno nunca existió**

Ukázali, že pod jejich vládou moderní proletariát nikdy neexistoval

**pero olvidan que la burguesía moderna es el vástago necesario de su propia forma de sociedad**

zapomínají však, že moderní buržoazie je nutným potomkem jejich vlastní společenské formy

**Por lo demás, apenas ocultan el carácter reaccionario de su crítica**

Ostatně stěží skrývají reakční charakter své kritiky

**su principal acusación contra la burguesía es la siguiente**

jejich hlavní obvinění proti buržoazii spočívá v tomto:

**bajo el régimen de la burguesía se está desarrollando una clase social**

za buržoazního režimu se rozvíjí společenská třída

**Esta clase social está destinada a cortar de raíz el viejo orden de la sociedad**

Tato společenská třída je předurčena k tomu, aby vytrhala
kořeny a větve starého společenského řádu

**Lo que reprochan a la burguesía no es tanto que cree un
proletariado**

Buržoazii nekáží ani tak tím, že vytváří proletariát

**lo que reprochan a la burguesía es más bien que crea un
proletariado revolucionario**

buržoazii vyčítají tím víc, že vytváří revoluční proletariát

**En la práctica política, por lo tanto, se unen a todas las
medidas coercitivas contra la clase obrera**

V politické praxi se proto připojují ke všem donucovacím
opatřením proti dělnické třídě

**Y en la vida ordinaria, a pesar de sus frases altisonantes, se
inclinan a recoger las manzanas de oro que caen del árbol de
la industria**

A v obyčejném životě, navzdory svým vzletným frázím, se
shýbají, aby sebrali zlatá jablka spadlá ze stromu průmyslu

**y trocan la verdad, el amor y el honor por el comercio de
lana, azúcar de remolacha y aguardiente de patata**

a vyměňují pravdu, lásku a čest za obchod s vlnou, cukrem z
červené řepy a bramborovými lihovinami

**Así como el párroco ha ido siempre de la mano con el
terrateniente, así también lo ha hecho el socialismo clerical
con el socialismo feudal**

Tak jako šel farář vždy ruku v ruce s pozemkovým
vlastníkem, tak šel klerikální socialismus ruku v ruce se
socialismem feudálním

**Nada es más fácil que dar al ascetismo cristiano un tinte
socialista**

Není nic snazšího, než dát křesťanské askezi socialistický
nádech

**¿No ha declamado el cristianismo contra la propiedad
privada, contra el matrimonio, contra el Estado?**

Nebrojilo snad křesťanství proti soukromému vlastnictví, proti
manželství, proti státu?

¿No ha predicado el cristianismo en lugar de estos, la caridad y la pobreza?

Nekázalo křesťanství místo těchto dobročinnosti a chudoby?

¿Acaso el cristianismo no predica el celibato y la mortificación de la carne, la vida monástica y la Madre Iglesia?

Nehlásá křesťanství celibát a umrtvování těla, mnišský život a matku církev?

**El socialismo cristiano no es más que el agua bendita con la que el sacerdote consagra los ardores del corazón del aristócrata**

Křesťanský socialismus není nic jiného než svěcená voda, kterou kněz posvěcuje pálení srdce aristokrata

## b) Socialismo pequeñoburgués
b) Maloburžoazní socialismus

**La aristocracia feudal no fue la única clase arruinada por la burguesía**
Feudální aristokracie nebyla jedinou třídou, která byla buržoazií zruinována
**no fue la única clase cuyas condiciones de existencia languidecieron y perecieron en la atmósfera de la sociedad burguesa moderna**
nebyla to jediná třída, jejíž životní podmínky chřadly a zanikaly v ovzduší moderní buržoazní společnosti
**Los burgueses medievales y los pequeños propietarios campesinos fueron los precursores de la burguesía moderna**
Středověcí měšťané a drobní rolníci byli předchůdci moderní buržoazie
**En los países poco desarrollados, industrial y comercialmente, estas dos clases siguen vegetando una al lado de la otra**
V zemích, které jsou průmyslově i obchodně jen málo vyvinuté, živoří tyto dvě třídy ještě vedle sebe
**y mientras tanto la burguesía se levanta junto a ellos: industrial, comercial y políticamente**
a mezitím vedle nich povstává buržoazie: průmyslově, obchodně a politicky
**En los países donde la civilización moderna se ha desarrollado plenamente, se ha formado una nueva clase de pequeña burguesía**
V zemích, kde se moderní civilizace plně rozvinula, se vytvořila nová třída maloburžoazie
**esta nueva clase social fluctúa entre el proletariado y la burguesía**
tato nová společenská třída kolísá mezi proletariátem a buržoazií
**y siempre se renueva como parte complementaria de la sociedad burguesa**

a stále se obnovuje jako doplňková součást buržoazní
společnosti
**Sin embargo, los miembros individuales de esta clase son
constantemente arrojados al proletariado**
Jednotliví členové této třídy jsou však neustále sráženi do
proletariátu
**son absorbidos por el proletariado a través de la acción de la
competencia**
jsou vysáváni proletariátem působením konkurence
**A medida que la industria moderna se desarrolla, incluso
ven acercarse el momento en que desaparecerán por
completo como sección independiente de la sociedad
moderna**
S rozvojem moderního průmyslu dokonce vidí, že se blíží
okamžik, kdy zcela zmizí jako samostatná část moderní
společnosti
**Serán reemplazados, en las manufacturas, la agricultura y el
comercio, por vigilantes, alguaciles y tenderos**
V manufakturách, zemědělství a obchodu je nahradí dozorci,
soudní vykonavatelé a obchodníci
**En países como Francia, donde los campesinos constituyen
mucho más de la mitad de la población**
V zemích jako Francie, kde rolníci tvoří mnohem více než
polovinu obyvatelstva
**era natural que hubiera escritores que se pusieran del lado
del proletariado contra la burguesía**
bylo přirozené, že se našli spisovatelé, kteří se postavili na
stranu proletariátu proti buržoazii
**en su crítica al régimen burgués utilizaron el estandarte de la
pequeña burguesía campesina**
ve své kritice buržoazního režimu používali standard rolnické
a maloburžoazie
**Y desde el punto de vista de estas clases intermedias, toman
el garrote de la clase obrera**
a s hlediska těchto středních tříd se ujímají klacků za
dělnickou třídu

Así surgió el socialismo pequeñoburgués, del que Sismondi era el jefe de esta escuela, no sólo en Francia, sino también en Inglaterra

Tak vznikl maloburžoazní socialismus, jehož hlavou stál Sismondi, a to nejen ve Francii, ale i v Anglii

Esta escuela del socialismo diseccionó con gran agudeza las contradicciones de las condiciones de producción moderna

Tato škola socialismu rozpitvala s velkou ostrostí rozpory v podmínkách moderní výroby

Esta escuela puso al descubierto las apologías hipócritas de los economistas

Tato škola odhalila pokrytecké omluvy ekonomů

Esta escuela demostró, incontrovertiblemente, los efectos desastrosos de la maquinaria y de la división del trabajo

Tato škola nezvratně dokázala zhoubné účinky strojů a dělby práce

Probó la concentración del capital y de la tierra en pocas manos

Dokazuje to koncentraci kapitálu a půdy v několika málo rukou

demostró cómo la sobreproducción conduce a las crisis de la burguesía

dokázala, jak nadvýroba vede ke krizím buržoazie

señalaba la ruina inevitable de la pequeña burguesía y del campesino

poukazovala na nevyhnutelný úpadek maloburžoazie a rolnictva

la miseria del proletariado, la anarquía en la producción, las desigualdades flagrantes en la distribución de la riqueza

bída proletariátu, anarchie ve výrobě, křiklavé nerovnosti v rozdělování bohatství

Mostró cómo el sistema de producción lidera la guerra industrial de exterminio entre naciones

Ukázala, jak výrobní systém vede průmyslovou vyhlazovací válku mezi národy

**la disolución de los viejos lazos morales, de las viejas relaciones familiares, de las viejas nacionalidades**

Rozpad starých mravních pout, starých rodinných vztahů, starých národností

**Sin embargo, en sus objetivos positivos, esta forma de socialismo aspira a lograr una de dos cosas**

Ve svých pozitivních cílech však tato forma socialismu usiluje o dosažení jedné ze dvou věcí

**o bien pretende restaurar los antiguos medios de producción y de intercambio**

Buď má za cíl obnovit staré výrobní a směnné prostředky

**y con los viejos medios de producción restauraría las viejas relaciones de propiedad y la vieja sociedad**

a se starými výrobními prostředky by obnovila staré vlastnické vztahy a starou společnost

**o pretende apretar los medios modernos de producción e intercambio en el viejo marco de las relaciones de propiedad**

nebo se snaží vtěsnat moderní výrobní a směnné prostředky do starého rámce vlastnických vztahů

**En cualquier caso, es a la vez reaccionario y utópico**

V každém případě je to jak reakční, tak utopické

**Sus últimas palabras son: gremios corporativos para la manufactura, relaciones patriarcales en la agricultura**

Její poslední slova jsou: průmyslové cechy korporací, patriarchální vztahy v zemědělství

**En última instancia, cuando los obstinados hechos históricos habían dispersado todos los efectos embriagadores del autoengaño**

Nakonec, když tvrdošíjná historická fakta rozptýlila všechny opojné účinky sebeklamu

**esta forma de socialismo terminó en un miserable ataque de lástima**

tato forma socialismu skončila žalostným záchvatem lítosti

**c) Socialismo alemán o "verdadero"**
c) Německý, čili "pravý" socialismus

**La literatura socialista y comunista de Francia se originó bajo la presión de una burguesía en el poder**
Socialistická a komunistická literatura Francie vznikla pod tlakem buržoazie u moci
**Y esta literatura era la expresión de la lucha contra este poder**
a tato literatura byla výrazem boje proti této moci
**se introdujo en Alemania en un momento en que la burguesía acababa de comenzar su lucha contra el absolutismo feudal**
Byla zavedena v Německu v době, kdy buržoazie právě začala svůj boj s feudálním absolutismem
**Los filósofos alemanes, los aspirantes a filósofos y los beaux esprits, se apoderaron con avidez de esta literatura**
Němečtí filozofové, rádoby filozofové a krásní espritové, se této literatury dychtivě chopili
**pero olvidaron que los escritos emigraron de Francia a Alemania sin traer consigo las condiciones sociales francesas**
ale zapomněli, že spisy se přestěhovaly z Francie do Německa, aniž by s sebou přinesly francouzské sociální poměry
**En contacto con las condiciones sociales alemanas, esta literatura francesa perdió toda su significación práctica inmediata**
Ve styku s německými sociálními poměry ztratila tato francouzská literatura všechen svůj bezprostřední praktický význam
**y la literatura comunista de Francia asumió un aspecto puramente literario en los círculos académicos alemanes**
a komunistická literatura Francie nabyla v německých akademických kruzích čistě literárního aspektu
**Así, las exigencias de la primera Revolución Francesa no eran más que las exigencias de la "Razón Práctica"**

A tak požadavky první francouzské revoluce nebyly ničím
jiným než požadavky "praktického rozumu"
**y la expresión de la voluntad de la burguesía revolucionaria
francesa significaba a sus ojos la ley de la voluntad pura**
a vyslovení vůle revoluční francouzské buržoazie znamenalo
v jejich očích zákon čisté vůle
**significaba la Voluntad tal como estaba destinada a ser; de la
verdadera Voluntad humana en general**
znamenalo to vůli, jaká musela být; pravé lidské vůle vůbec
**El mundo de los literatos alemanes consistía únicamente en
armonizar las nuevas ideas francesas con su antigua
conciencia filosófica**
Svět německých literátů záležel jen v tom, aby uvedli nové
francouzské ideje do souladu se svým starým filosofickým
svědomím
**o mejor dicho, se anexionaron las ideas francesas sin
abandonar su propio punto de vista filosófico**
nebo spíše si připojili francouzské ideje, aniž by opustili své
vlastní filozofické hledisko
**Esta anexión se llevó a cabo de la misma manera en que se
apropia una lengua extranjera, es decir, por traducción**
K této anexi došlo stejným způsobem, jakým se přivlastňuje
cizí jazyk, totiž překladem
**Es bien sabido cómo los monjes escribieron vidas tontas de
santos católicos sobre manuscritos**
Je dobře známo, jak mniši psali hloupé životy katolických
světců přes rukopisy
**los manuscritos sobre los que se habían escrito las obras
clásicas del antiguo paganismo**
Rukopisy, na nichž byla napsána klasická díla starověkého
pohanství
**Los literatos alemanes invirtieron este proceso con la
literatura profana francesa**
Němečtí literáti tento proces obrátili světskou francouzskou
literaturou
**Escribieron sus tonterías filosóficas bajo el original francés**

Své filosofické nesmysly napsali pod francouzský originál

**Por ejemplo, debajo de la crítica francesa a las funciones económicas del dinero, escribieron "Alienación de la humanidad"**

Například pod francouzskou kritiku ekonomických funkcí peněz napsali "Odcizení lidskosti"

**debajo de la crítica francesa al Estado burgués escribieron "destronamiento de la categoría de general"**

pod francouzskou kritiku buržoazního státu napsali "sesazení z trůnu kategorie obecného"

**La introducción de estas frases filosóficas en el reverso de las críticas históricas francesas las denominó:**

Uvedení těchto filozofických frází na pozadí francouzských historických kritik nazvali:

**"Filosofía de la acción", "Socialismo verdadero", "Ciencia alemana del socialismo", "Fundamentos filosóficos del socialismo", etc**

"Filosofie činu", "Pravý socialismus", "Německá věda o socialismu", "Filosofické základy socialismu" a tak dále

**De este modo, la literatura socialista y comunista francesa quedó completamente castrada**

Francouzská socialistická a komunistická literatura tak byla úplně vykleštěna

**en manos de los filósofos alemanes dejó de expresar la lucha de una clase con la otra**

v rukou německých filosofů přestala vyjadřovat boj jedné třídy s druhou

**y así los filósofos alemanes se sintieron conscientes de haber superado la "unilateralidad francesa"**

a tak si němečtí filosofové byli vědomi, že překonali "francouzskou jednostrannost"

**no tenía que representar requisitos verdaderos, sino que representaba requisitos de verdad**

Nemusela představovat skutečné požadavky, spíše představovala požadavky pravdy

**no había interés en el proletariado, más bien, había interés en la Naturaleza Humana**

nebyl tu žádný zájem o proletariát, spíše byl zájem o lidskou přirozenost

**el interés estaba en el Hombre en general, que no pertenece a ninguna clase y no tiene realidad**

zájem byl o člověka obecně, který nepatří do žádné třídy a nemá žádnou skutečnost

**Un hombre que sólo existe en el brumoso reino de la fantasía filosófica**

Člověk, který existuje pouze v mlžné říši filozofické fantazie

**pero con el tiempo este colegial socialismo alemán también perdió su inocencia pedante**

ale nakonec i tento školácký německý socialismus ztratil svou pedantskou nevinnost

**la burguesía alemana, y especialmente la burguesía prusiana, lucharon contra la aristocracia feudal**

německá buržoazie a zejména pruská buržoazie bojovala proti feudální aristokracii

**la monarquía absoluta de Alemania y Prusia también estaba siendo combatida**

bojovalo se také proti absolutní monarchii Německa a Pruska

**Y a su vez, la literatura del movimiento liberal también se hizo más seria**

A na oplátku se literatura liberálního hnutí stala také serióznější

**Se le ofreció a Alemania la tan deseada oportunidad del "verdadero" socialismo**

Německu byla nabídnuta dlouho vytoužená příležitost pro "pravý" socialismus

**la oportunidad de confrontar al movimiento político con las reivindicaciones socialistas**

možnost konfrontovat politické hnutí se socialistickými požadavky

**la oportunidad de lanzar los anatemas tradicionales contra el liberalismo**

příležitost vrhnout tradiční klatby na liberalismus

**la oportunidad de atacar al gobierno representativo y a la competencia burguesa**

možnost útočit na zastupitelskou vládu a buržoazní konkurenci

**Libertad de prensa burguesa, Legislación burguesa, Libertad e igualdad burguesa**

Buržoazie svoboda tisku, buržoazní zákonodárství, buržoazní svoboda a rovnost

**Todo esto ahora podría ser criticado en el mundo real, en lugar de en la fantasía**

To vše by nyní mohlo být kritizováno v reálném světě, spíše než ve fantazii

**La aristocracia feudal y la monarquía absoluta habían predicado durante mucho tiempo a las masas**

Feudální aristokracie a absolutní monarchie dlouho kázaly masám

**"El obrero no tiene nada que perder y tiene todo que ganar"**

"Pracující člověk nemá co ztratit a může všechno získat"

**el movimiento burgués también ofrecía la oportunidad de hacer frente a estos tópicos**

buržoazní hnutí také nabízelo příležitost konfrontovat tyto otřepané fráze

**la crítica francesa presuponía la existencia de la sociedad burguesa moderna**

francouzská kritika předpokládala existenci moderní buržoazní společnosti

**Las condiciones económicas de existencia de la burguesía y la constitución política de la burguesía**

Buržoazie: ekonomické podmínky existence a politické zřízení buržoazie

**las mismas cosas cuya consecución era el objeto de la lucha pendiente en Alemania**

právě ty věci, jejichž dosažení bylo předmětem probíhajícího boje v Německu

**El estúpido eco del socialismo alemán abandonó estos objetivos justo a tiempo**

Hloupá ozvěna socialismu v Německu opustila tyto cíle právě v pravý čas

**Los gobiernos absolutos tenían sus seguidores de párrocos, profesores, escuderos y funcionarios**

Absolutní vlády měly své přívržence z řad farářů, profesorů, venkovských statkářů a úředníků

**el gobierno de la época se enfrentó a los levantamientos de la clase obrera alemana con azotes y balas**

tehdejší vláda reagovala na povstání německé dělnické třídy bičováním a kulkami

**para ellos este socialismo servía de espantapájaros contra la burguesía amenazadora**

Pro ně byl tento socialismus vítaným strašákem před hrozící buržoazií

**y el gobierno alemán pudo ofrecer un postre dulce después de las píldoras amargas que repartió**

a německá vláda byla schopna nabídnout sladký dezert po hořkých pilulkách, které rozdala

**este "verdadero" socialismo servía así a los gobiernos como arma para combatir a la burguesía alemana**

tento "pravý" socialismus tak sloužil vládám jako zbraň v boji proti německé buržoazii

**y, al mismo tiempo, representaba directamente un interés reaccionario; la de los filisteos alemanes**

a zároveň přímo zastupovala reakční zájmy; zákon německých šosáků

**En Alemania, la pequeña burguesía es la verdadera base social del actual estado de cosas**

V Německu je maloburžoazní třída skutečnou společenskou základnou nynějšího stavu věcí

**Una reliquia del siglo XVI que ha ido surgiendo constantemente bajo diversas formas**

pozůstatkem šestnáctého století, který se neustále vynořuje v různých podobách

Preservar esta clase es preservar el estado de cosas existente
en Alemania
Zachovat tuto třídu znamená zachovat nynější stav věcí v
Německu
La supremacía industrial y política de la burguesía amenaza
a la pequeña burguesía con una destrucción segura
Průmyslová a politická nadvláda buržoazie hrozí
maloburžoazii jistou zánikem
por un lado, amenaza con destruir a la pequeña burguesía a
través de la concentración del capital
na jedné straně hrozí, že koncentrací kapitálu zničí
maloburžoazii
por otra parte, la burguesía amenaza con destruirla mediante
el ascenso de un proletariado revolucionario
na druhé straně buržoazie hrozí, že ji zničí vzestupem
revolučního proletariátu
El "verdadero" socialismo parecía matar estos dos pájaros de
un tiro. Se extendió como una epidemia
Zdálo se, že "pravý" socialismus zabil tyto dvě mouchy jednou
ranou. Šířilo se to jako epidemie
El manto de telarañas especulativas, bordado con flores de
retórica, empapado en el rocío de un sentimiento enfermizo
Roucho ze spekulativních pavučin, vyšívaných květy rétoriky,
nasáklé rosou chorobného sentimentu
esta túnica trascendental en la que los socialistas alemanes
envolvían sus tristes "verdades eternas"
toto transcendentální roucho, do kterého němečtí socialisté
zahalili své politováníhodné "věčné pravdy"
toda la piel y los huesos, sirvieron para aumentar
maravillosamente la venta de sus productos entre un público
tan
Všechno to šlo jen na kost a kůži, posloužilo k
podivuhodnému zvýšení prodeje jejich zboží mezi takovou
veřejností.
Y por su parte, el socialismo alemán reconocía, cada vez más,
su propia vocación

A německý socialismus ze své strany stále více uznával své vlastní poslání
**estaba llamado a ser el grandilocuente representante de la pequeña burguesía filistea**
byla povolána k tomu, aby byla nabubřelým představitelem maloburžoazního šosáka
**Proclamaba que la nación alemana era la nación modelo, y que el pequeño filisteo alemán era el hombre modelo**
Prohlásil německý národ za vzorný národ a německého malošosáka za vzorného člověka
**A cada maldad malvada de este hombre modelo le daba una interpretación socialista oculta y superior**
Každé ničemnosti tohoto vzorného člověka dávala skrytý, vyšší, socialistický výklad
**esta interpretación socialista superior era exactamente lo contrario de su carácter real**
tento vyšší, socialistický výklad byl pravým opakem jeho skutečného charakteru
**Llegó al extremo de oponerse directamente a la tendencia "brutalmente destructiva" del comunismo**
Zašla až tak daleko, že se přímo postavila proti "brutálně destruktivní" tendenci komunismu
**y proclamó su supremo e imparcial desprecio de todas las luchas de clases**
a vyhlásila své nejvyšší a nestranné pohrdání všemi třídními boji
**Con muy pocas excepciones, todas las publicaciones llamadas socialistas y comunistas que ahora (1847) circulan en Alemania pertenecen al dominio de esta literatura sucia y enervante**
Až na několik málo výjimek patří všechny takzvané socialistické a komunistické publikace, které nyní (1847) obíhají v Německu, do oblasti této odporné a vyčerpávající literatury

**2) Socialismo conservador o socialismo burgués**

2) Konzervativní socialismus nebo buržoazní socialismus

**Una parte de la burguesía está deseosa de reparar los agravios sociales**

Část buržoazie si přeje napravit sociální křivdy

**con el fin de asegurar la continuidad de la sociedad burguesa**

aby byla zajištěna další existence buržoazní společnosti

**A esta sección pertenecen economistas, filántropos, humanistas**

Do této sekce patří ekonomové, filantropové, humanisté

**mejoradores de la condición de la clase obrera y organizadores de la caridad**

zlepšovatelé podmínek dělnické třídy a organizátoři charity

**Miembros de las Sociedades para la Prevención de la Crueldad contra los Animales**

Členové Společností pro prevenci týrání zvířat

**fanáticos de la templanza, reformadores de todo tipo imaginable**

Fanatici střídmosti, zabednění reformátoři všeho možného druhu

**Esta forma de socialismo, además, ha sido elaborada en sistemas completos**

Tato forma socialismu byla navíc rozpracována do úplných systémů

**Podemos citar la "Philosophie de la Misère" de Proudhon como ejemplo de esta forma**

Jako příklad této formy můžeme uvést Proudhonovu "Philosophie de la Misère"

**La burguesía socialista quiere todas las ventajas de las condiciones sociales modernas**

Socialistická buržoazie chce všechny výhody moderních společenských poměrů

**pero la burguesía socialista no quiere necesariamente las luchas y los peligros resultantes**

ale socialistická buržoazie nemusí nutně chtít výsledné boje a
nebezpečí

**Desean el estado actual de la sociedad, menos sus elementos
revolucionarios y desintegradores**

Přejí si stávající stav společnosti, bez jejích revolučních a
rozkladných prvků

**en otras palabras, desean una burguesía sin proletariado**

jinými slovy, přejí si buržoazii bez proletariátu

**La burguesía concibe naturalmente el mundo en el que es
supremo ser el mejor**

Buržoazie přirozeně pojímá svět, v němž je nejvyšší, jako
nejlepší

**y el socialismo burgués desarrolla esta cómoda concepción
en varios sistemas más o menos completos**

a buržoazní socialismus rozvíjí tuto pohodlnou koncepci do
různých více či méně ucelených systémů

**les gustaría mucho que el proletariado marchara
directamente hacia la Nueva Jerusalén social**

velmi by si přáli, aby proletariát pochodoval rovnou do
sociálního Nového Jeruzaléma

**pero en realidad requiere que el proletariado permanezca
dentro de los límites de la sociedad existente**

Ve skutečnosti však vyžaduje, aby proletariát zůstal v mezích
nynější společnosti

**piden al proletariado que abandone todas sus ideas odiosas
sobre la burguesía**

žádají proletariát, aby odhodil všechny své nenávistné
představy o buržoazii

**hay una segunda forma más práctica, pero menos
sistemática, de este socialismo**

existuje druhá, praktičtější, ale méně systematická forma
tohoto socialismu

**Esta forma de socialismo buscaba despreciar todo
movimiento revolucionario a los ojos de la clase obrera**

Tato forma socialismu se snažila znehodnotit každé revoluční
hnutí v očích dělnické třídy

**Argumentan que ninguna mera reforma política podría ser ventajosa para ellos**
Tvrdí, že žádná pouhá politická reforma by jim nemohla být prospěšná
**Sólo un cambio en las condiciones materiales de existencia en las relaciones económicas es beneficioso**
Prospěšná je jen změna materiálních existenčních podmínek v hospodářských vztazích
**Al igual que el comunismo, esta forma de socialismo aboga por un cambio en las condiciones materiales de existencia**
Stejně jako komunismus, i tato forma socialismu obhajuje změnu materiálních podmínek existence
**sin embargo, esta forma de socialismo no sugiere en modo alguno la abolición de las relaciones de producción burguesas**
tato forma socialismu však v žádném případě nenaznačuje zrušení buržoazních výrobních vztahů
**la abolición de las relaciones de producción burguesas sólo puede lograrse mediante una revolución**
Zrušení buržoazních výrobních vztahů lze dosáhnout pouze revolucí
**Pero en lugar de una revolución, esta forma de socialismo sugiere reformas administrativas**
Ale místo revoluce tato forma socialismu navrhuje administrativní reformy
**y estas reformas administrativas se basarían en la continuidad de estas relaciones**
a tyto správní reformy by byly založeny na pokračující existenci těchto vztahů
**reformas, por lo tanto, que no afectan en ningún aspecto a las relaciones entre el capital y el trabajo**
tedy reformy, které se v žádném ohledu nedotýkají vztahů mezi kapitálem a prací
**en el mejor de los casos, tales reformas disminuyen el costo y simplifican el trabajo administrativo del gobierno burgués**

v nejlepším případě takové reformy snižují náklady a
zjednodušují administrativní práci buržoazní vlády

**El socialismo burgués alcanza una expresión adecuada
cuando, y sólo cuando, se convierte en una mera figura
retórica**

Buržoazní socialismus nabývá adekvátního výrazu tehdy a jen
tehdy, když se stane pouhým řečnickým obratem

**Libre comercio: en beneficio de la clase obrera**

Volný obchod: ve prospěch dělnické třídy

**Deberes protectores: en beneficio de la clase obrera**

Ochranné povinnosti: ve prospěch dělnické třídy

**Reforma Penitenciaria: en beneficio de la clase trabajadora**

Vězeňská reforma: ve prospěch dělnické třídy

**Esta es la última palabra y la única palabra seria del
socialismo burgués**

To je poslední slovo a jediné vážně míněné slovo buržoazního
socialismu

**Se resume en la frase: la burguesía es una burguesía en
beneficio de la clase obrera**

Shrnuje se ve větě: buržoazie je buržoazií ve prospěch
dělnické třídy

**3) Socialismo crítico-utópico y comunismo**
3) Kriticko-utopický socialismus a komunismus

**No nos referimos aquí a esa literatura que siempre ha dado voz a las reivindicaciones del proletariado**
Nemluvíme zde o literatuře, která vždy dávala hlas požadavkům proletariátu
**esto ha estado presente en todas las grandes revoluciones modernas, como los escritos de Babeuf y otros**
to bylo přítomno v každé velké moderní revoluci, jako jsou spisy Babeufovy a další
**Las primeras tentativas directas del proletariado para alcanzar sus propios fines fracasaron necesariamente**
První přímé pokusy proletariátu dosáhnout svých vlastních cílů nutně ztroskotaly
**Estos intentos se hicieron en tiempos de excitación universal, cuando la sociedad feudal estaba siendo derrocada**
Tyto pokusy byly činěny v dobách všeobecného rozruchu, kdy byla svržena feudální společnost
**El entonces subdesarrollado del proletariado llevó a que fracasaran esos intentos**
Tehdy nerozvinutý stav proletariátu vedl k tomu, že tyto pokusy selhaly
**y fracasaron por la ausencia de las condiciones económicas para su emancipación**
a to kvůli absenci ekonomických podmínek pro její emancipaci
**condiciones que aún no se habían producido, y que sólo podían ser producidas por la inminente época de la burguesía**
poměry, které teprve měly být vytvořeny a mohly být vytvořeny pouze nastupující buržoazní epochou
**La literatura revolucionaria que acompañó a estos primeros movimientos del proletariado tuvo necesariamente un carácter reaccionario**

Revoluční literatura, která doprovázela tato první hnutí
proletariátu, měla nutně reakční charakter

**Esta literatura inculcó el ascetismo universal y la nivelación
social en su forma más cruda**

Tato literatura vštěpovala všeobecnou askezi a sociální
nivelizaci v její nejhrubší formě

**Los sistemas socialista y comunista, propiamente dichos,
surgen en el período temprano no desarrollado**

Socialistický a komunistický systém, jak se vlastně nazývá,
vznikají v raném nerozvinutém období

**Saint-Simon, Fourier, Owen y otros, describieron la lucha
entre el proletariado y la burguesía (ver sección 1)**

Saint-Simon, Fourier, Owen a jiní popsali boj mezi
proletariátem a buržoazií (viz oddíl 1)

**Los fundadores de estos sistemas ven, en efecto, los
antagonismos de clase**

Zakladatelé těchto systémů vskutku vidí třídní protiklady

**también ven la acción de los elementos en descomposición,
en la forma predominante de la sociedad**

Vidí také působení rozkládajících se prvků v převládající
formě společnosti

**Pero el proletariado, todavía en su infancia, les ofrece el
espectáculo de una clase sin ninguna iniciativa histórica**

Ale proletariát, který je ještě v plenkách, jim nabízí spektákl
třídy bez jakékoli historické iniciativy

**Ven el espectáculo de una clase social sin ningún
movimiento político independiente**

vidí spektákl společenské třídy bez jakéhokoli nezávislého
politického hnutí

**El desarrollo del antagonismo de clase sigue el mismo ritmo
que el desarrollo de la industria**

Vývoj třídních protikladů drží krok s rozvojem průmyslu

**De modo que la situación económica no les ofrece todavía
las condiciones materiales para la emancipación del
proletariado**

Hospodářská situace jim tedy ještě neposkytuje materiální
podmínky pro osvobození proletariátu
**Por lo tanto, buscan una nueva ciencia social, nuevas leyes
sociales, que creen estas condiciones**
Hledají proto novou společenskou vědu, nové společenské
zákony, které by tyto podmínky vytvořily
**acción histórica es ceder a su acción inventiva personal**
Historická akce znamená poddat se své osobní vynalézavé
činnosti
**Las condiciones de emancipación creadas históricamente
han de ceder ante condiciones fantásticas**
historicky vytvořené podmínky emancipace mají ustoupit
fantastickým podmínkám
**y la organización gradual y espontánea de clase del
proletariado debe ceder ante la organización de la sociedad**
a postupná, živelná třídní organizace proletariátu má ustoupit
organisaci společnosti
**la organización de la sociedad especialmente ideada por
estos inventores**
organizace společnosti speciálně vymyšlená těmito vynálezci
**La historia futura se resuelve, a sus ojos, en la propaganda y
en la realización práctica de sus planes sociales**
Budoucí dějiny se v jejich očích redukují na propagandu a
praktické uskutečňování jejich sociálních plánů
**En la formación de sus planes son conscientes de
preocuparse principalmente por los intereses de la clase
obrera**
Při vytváření svých plánů jsou si vědomi, že se starají
především o zájmy dělnické třídy
**Sólo desde el punto de vista de ser la clase más sufriente
existe el proletariado para ellos**
Proletariát pro ně existuje pouze z hlediska toho, že jsou
nejvíce trpící třídou
**El estado subdesarrollado de la lucha de clases y su propio
entorno informan sus opiniones**

Nevyvinutý stav třídního boje a jejich vlastní okolí formují jejich názory

**Los socialistas de este tipo se consideran muy superiores a todos los antagonismos de clase**

Socialisté tohoto druhu se považují za daleko nadřazené všem třídním protikladům

**Quieren mejorar la condición de todos los miembros de la sociedad, incluso la de los más favorecidos**

Chtějí zlepšit podmínky každého člena společnosti, dokonce i těch nejbohatších

**De ahí que habitualmente atraigan a la sociedad en general, sin distinción de clase**

Proto mají ve zvyku apelovat na společnost jako celek, bez rozdílu třídy

**Es más, apelan a la sociedad en general con preferencia a la clase dominante**

ba dokonce apelují na společnost jako celek tím, že dávají přednost vládnoucí třídě

**Para ellos, todo lo que se requiere es que los demás entiendan su sistema**

Pro ně to vyžaduje jen to, aby ostatní pochopili jejich systém

**Porque, ¿cómo puede la gente no ver que el mejor plan posible es para el mejor estado posible de la sociedad?**

Protože jak mohou lidé nevidět, že nejlepší možný plán je pro nejlepší možný stav společnosti?

**Por lo tanto, rechazan toda acción política, y especialmente toda acción revolucionaria**

Proto odmítají veškerou politickou a zejména veškerou revoluční akci

**desean alcanzar sus fines por medios pacíficos**

chtějí dosáhnout svých cílů mírovými prostředky

**se esfuerzan, mediante pequeños experimentos, que están necesariamente condenados al fracaso**

Snaží se o to malými experimenty, které jsou nutně odsouzeny k neúspěchu

**y cón la fuerza del ejemplo tratan de abrir el camino al nuevo Evangelio social**

a silou příkladu se snaží připravit cestu novému sociálnímu evangeliu

**Cuadros tan fantásticos de la sociedad futura, pintados en un momento en que el proletariado se encuentra todavía en un estado muy subdesarrollado**

Takové fantastické obrazy budoucí společnosti, namalované v době, kdy proletariát je ještě ve velmi nevyvinutém stavu

**y todavía no tiene más que una concepción fantástica de su propia posición**

a má ještě jen fantastickou představu o svém vlastním postavení

**pero sus primeros anhelos instintivos corresponden a los anhelos del proletariado**

Ale jejich první instinktivní touhy odpovídají touhám proletariátu

**Ambos anhelan una reconstrucción general de la sociedad**

Oba touží po celkové přestavbě společnosti

**Pero estas publicaciones socialistas y comunistas también contienen un elemento crítico**

Ale tyto socialistické a komunistické publikace obsahují také kritický prvek

**Atacan todos los principios de la sociedad existente**

Útočí na každý princip existující společnosti

**De ahí que estén llenos de los materiales más valiosos para la ilustración de la clase obrera**

Jsou tedy plné nejcennějšího materiálu pro osvětu dělnické třídy

**Proponen la abolición de la distinción entre la ciudad y el campo, y la familia**

Navrhují zrušení rozdílu mezi městem a venkovem a rodinou

**la supresión de la explotación de industrias por cuenta de los particulares**

Zrušení provozování průmyslu na účet soukromých osob

**y la abolición del sistema salarial y la proclamación de la armonía social**

a zrušení mzdového systému a vyhlášení sociální harmonie

**la conversión de las funciones del Estado en una mera superintendencia de la producción**

přeměna funkcí státu v pouhý dohled nad výrobou

**Todas estas propuestas, apuntan únicamente a la desaparición de los antagonismos de clase**

Všechny tyto návrhy poukazují jen na to, že třídní protiklady zmizely

**Los antagonismos de clase estaban, en ese momento, apenas surgiendo**

Třídní protiklady se v té době teprve objevovaly

**En estas publicaciones estos antagonismos de clase se reconocen sólo en sus formas más tempranas, indistintas e indefinidas**

V těchto publikacích jsou tyto třídní protiklady rozpoznány jen ve svých nejranějších, neurčitých a neurčitých formách

**Estas propuestas, por lo tanto, son de carácter puramente utópico**

Tyto návrhy jsou tedy čistě utopického rázu

**La importancia del socialismo crítico-utópico y del comunismo guarda una relación inversa con el desarrollo histórico**

Význam kriticko-utopického socialismu a komunismu nese nepřímý vztah k historickému vývoji

**La lucha de clases moderna se desarrollará y continuará tomando forma definitiva**

Moderní třídní boj se bude rozvíjet a bude se nadále přesně formovat

**Esta fantástica posición del concurso perderá todo valor práctico**

Toto fantastické postavení ze soutěže ztratí veškerou praktickou hodnotu

**Estos fantásticos ataques a los antagonismos de clase perderán toda justificación teórica**

Tyto fantastické útoky na třídní protiklady ztratí veškeré teoretické opodstatnění

**Los creadores de estos sistemas fueron, en muchos aspectos, revolucionarios**

Původci těchto systémů byli v mnoha ohledech revoluční

**pero sus discípulos han formado, en todos los casos, meras sectas reaccionarias**

Ale jejich učedníci vytvořili v každém případě jen reakční sekty

**Se aferran firmemente a los puntos de vista originales de sus amos**

Pevně se drží původních názorů svých mistrů

**Pero estos puntos de vista se oponen al desarrollo histórico progresivo del proletariado**

Ale tyto názory jsou v rozporu s postupným historickým vývojem proletariátu

**Por lo tanto, se esfuerzan, y eso de manera consecuente, por amortiguar la lucha de clases**

Snaží se tedy, a to důsledně, otupit třídní boj

**y se esfuerzan constantemente por reconciliar los antagonismos de clase**

a důsledně se snaží smířit třídní protiklady

**Todavía sueñan con la realización experimental de sus utopías sociales**

Stále sní o experimentální realizaci svých sociálních utopií

**todavía sueñan con fundar "falansterios" aislados y establecer "colonias domésticas"**

stále sní o zakládání izolovaných "falansterů" a zakládání "domovských kolonií"

**sueñan con establecer una "Pequeña Icaria": ediciones duodécimas de la Nueva Jerusalén**

sní o založení "Malé Ikárie" – duodecimo vydání Nového Jeruzaléma

**y sueñan con realizar todos estos castillos en el aire**

a sní o tom, že si uvědomí všechny ty vzdušné zámky

**se ven obligados a apelar a los sentimientos y a las carteras de los burgueses**

Jsou nuceni apelovat na city a peněženky buržoazie

**Poco a poco se hunden en la categoría de los socialistas conservadores reaccionarios descritos anteriormente**

Postupně se propadají do kategorie reakčních konzervativních socialistů, jak jsme je vylíčili výše

**sólo se diferencian de ellos por una pedantería más sistemática**

Liší se od nich jen systematičtějším pedantstvím

**y se diferencian por su creencia fanática y supersticiosa en los efectos milagrosos de su ciencia social**

a liší se svou fanatickou a pověrčivou vírou v zázračné účinky svých společenských věd

**Por lo tanto, se oponen violentamente a toda acción política por parte de la clase obrera**

Proto se násilně staví proti každé politické akci dělnické třídy

**tal acción, según ellos, sólo puede ser el resultado de una ciega incredulidad en el nuevo Evangelio**

takové jednání může podle nich vyplynout jen ze slepé nevíry v nové evangelium

**Los owenistas en Inglaterra y los fourieristas en Francia, respectivamente, se oponen a los cartistas y a los reformistas**

Owenovci v Anglii a fourierovci ve Francii se staví proti chartistům a "réformistům"

## Posición de los comunistas en relación con los diversos partidos de oposición existentes
Postavení komunistů ve vztahu k různým existujícím opozičním stranám

**La sección II ha dejado claras las relaciones de los comunistas con los partidos obreros existentes**
Oddíl II objasnil poměr komunistů k existujícím dělnickým stranám
**como los cartistas en Inglaterra y los reformadores agrarios en América**
jako chartisté v Anglii a agrární reformátoři v Americe
**Los comunistas luchan por el logro de los objetivos inmediatos**
Komunisté bojují za dosažení bezprostředních cílů
**Luchan por la imposición de los intereses momentáneos de la clase obrera**
Bojují za prosazení momentálních zájmů dělnické třídy
**Pero en el movimiento político del presente, también representan y cuidan el futuro de ese movimiento**
Ale v současném politickém hnutí také reprezentují a starají se o budoucnost tohoto hnutí
**En Francia, los comunistas se alían con los socialdemócratas**
Ve Francii se komunisté spojují se sociálními demokraty
**y se posicionan contra la burguesía conservadora y radical**
a staví se proti konzervativní a radikální buržoazii
**sin embargo, se reservan el derecho de tomar una posición crítica respecto de las frases e ilusiones tradicionalmente transmitidas desde la gran Revolución**
vyhrazují si však právo zaujmout kritické stanovisko k frázím a iluzím tradičně tradovaným z velké revoluce
**En Suiza apoyan a los radicales, sin perder de vista que este partido está formado por elementos antagónicos**
Ve Švýcarsku podporují radikály, aniž ztrácejí ze zřetele, že tato strana se skládá z antagonistických živlů

**en parte de los socialistas democráticos, en el sentido francés, en parte de la burguesía radical**

zčásti demokratických socialistů ve francouzském smyslu, zčásti radikální buržoazie

**En Polonia apoyan al partido que insiste en la revolución agraria como condición primordial para la emancipación nacional**

V Polsku podporují stranu, která trvá na agrární revoluci jako na první podmínce národní emancipace

**el partido que fomentó la insurrección de Cracovia en 1846**

ta strana, která podnítila krakovské povstání v roce 1846

**En Alemania luchan con la burguesía cada vez que ésta actúa de manera revolucionaria**

V Německu bojují s buržoazií, kdykoli jedná revolučně

**contra la monarquía absoluta, la nobleza feudal y la pequeña burguesía**

proti absolutní monarchii, feudálnímu statkářství a maloburžoazii

**Pero no cesan, ni por un solo instante, de inculcar en la clase obrera una idea particular**

Nikdy však nepřestanou ani na okamžik vštěpovat dělnické třídě jednu konkrétní myšlenku

**el reconocimiento más claro posible del antagonismo hostil entre la burguesía y el proletariado**

co nejjasnější poznání nepřátelského protikladu mezi buržoazií a proletariátem

**para que los obreros alemanes puedan utilizar inmediatamente las armas de que disponen**

aby němečtí dělníci mohli ihned použít zbraní, které mají k dispozici

**las condiciones sociales y políticas que la burguesía debe introducir necesariamente junto con su supremacía**

sociální a politické podmínky, které buržoazie musí nutně zavést spolu se svou nadvládou

**la caída de las clases reaccionarias en Alemania es inevitable**

pád reakčních tříd v Německu je nevyhnutelný

y entonces la lucha contra la burguesía misma puede
comenzar inmediatamente
a pak může okamžitě začít boj proti buržoazii samé
Los comunistas dirigen su atención principalmente a
Alemania, porque este país está en vísperas de una
revolución burguesa
Komunisté obracejí svou pozornost hlavně k Německu,
protože tato země je na prahu buržoazní revoluce
una revolución que está destinada a llevarse a cabo en las
condiciones más avanzadas de la civilización europea
revoluce, která se musí uskutečnit v pokročilejších
podmínkách evropské civilizace
y está destinado a llevarse a cabo con un proletariado mucho
más desarrollado
a musí být prováděna s mnohem vyvinutějším proletariátem
un proletariado más avanzado que el de Inglaterra en el
XVII y el de Francia en el siglo XVIII
proletariát pokročilejší než byl proletariát Anglie v
sedmnáctém století a ve Francii v osmnáctém století
y porque la revolución burguesa en Alemania no será más
que el preludio de una revolución proletaria
inmediatamente posterior
a protože buržoazní revoluce v Německu bude jen předehrou
k bezprostředně následující proletářské revoluci
En resumen, los comunistas apoyan en todas partes todo
movimiento revolucionario contra el orden social y político
existente
Stručně řečeno, komunisté všude podporují každé revoluční
hnutí proti existujícímu společenskému a politickému řádu
věcí
En todos estos movimientos ponen en primer plano, como
cuestión principal en cada uno de ellos, la cuestión de la
propiedad
Ve všech těchto hnutích vynášejí do popředí jako vůdčí otázku
v každém z nich otázku vlastnictví

**no importa cuál sea su grado de desarrollo en ese país en ese momento**

bez ohledu na to, jaký stupeň rozvoje je v dané zemi v té době

**Finalmente, trabajan en todas partes por la unión y el acuerdo de los partidos democráticos de todos los países**

A konečně všude pracují pro sjednocení a dohodu demokratických stran všech zemí

**Los comunistas desdeñan ocultar sus puntos de vista y sus objetivos**

Komunisté pohrdají skrýváním svých názorů a cílů

**Declaran abiertamente que sus fines sólo pueden alcanzarse mediante el derrocamiento por la fuerza de todas las condiciones sociales existentes**

Otevřeně prohlašují, že jejich cílů může být dosaženo jen násilným svržením všech existujících společenských poměrů

**Que las clases dominantes tiemblen ante una revolución comunista**

Nechť se vládnoucí třídy třesou před komunistickou revolucí

**Los proletarios no tienen nada que perder más que sus cadenas**

Proletáři nemají co ztratit kromě svých okovů

**Tienen un mundo que ganar**

Mají svět, který mohou vyhrát

**¡TRABAJADORES DE TODOS LOS PAÍSES, UNÍOS!**

PRACUJÍCÍ LIDÉ VŠECH ZEMÍ, SPOJTE SE!